한국의
명품고등학교

한국의
명품고등학교

1판 1쇄 발행 | 2015년 7월 3일

지은이 | (사)한국학교교육연구원
(서정화 · 정영수 · 최원호 · 김세진 · 김일형 · 이근청 · 이인회)

펴낸이 | 김경배
펴낸곳 | 시간여행
기획 및 책임편집 | 맹한승
편 집 | 이진의 · 정지은
본문 디자인 | 서진원

등 록 | 제313-210-125호 (2010년 4월 28일)
주 소 | 서울시 마포구 양화로 6길 9-24 (서교동 동우빌딩 3층)
전 화 | 070-4032-3664
이메일 | sigan_pub@naver.com

종 이 | 화인페이퍼
인 쇄 | 영프린팅

ISBN 979-11-85346-17-5 (03370)

이 도서의 국립중앙도서관 출판사 도서목록(CIP)은 서지정보유통지원시스템 홈페이지 (http://seoji.nl.go.kr)와 국가자료 공동목록시스템(http://www.nl.go.kr/kolisnet)에서 이용하실 수 있습니다. (CIP 제어번호 : CIP2015015074)

한국의 명품고등학교

Best High Schools in Korea

(사)한국학교교육연구원 지음

서정화 · 정영수 · 최원호 · 김세진
김일형 · 이근청 · 이인회

시간여행

머리말

학생들에게 교육 관련 강의를 하면서 간간이 선진국의 학교 교육을 소개하곤 하였다. 그러면서도 한편으로, 우리나라에도 좋은 학교들이 많이 있고 또 감동적인 학교운영 사례들이 있는데 외국의 학교들만 소개하는 것이 다소 아쉬웠다. 그래서 학교 현장에 계신 선생님들과 교수님들 그리고 연구소에 계신 전문가들과 함께, 누구나 부담 없이 재미있게 읽을 수 있는 우리나라의 명품학교 이야기를 집필하자는 생각을 공유하게 되었다. 이런 취지로 한국의 명품학교에 대하여 집필하기로 하고 일차적으로 해당 학교 교장선생님들께 편지를 드렸다. 교장선생님께서 시간을 내주시면 찾아가서 뵙고 귀중한 경험의 말씀을 듣고 싶다는 취지의 전화를 드리고 메일도 보냈다.

이렇게 시작된《한국의 명품고등학교》에는 학교의 설립 정신은 물론, 지향 가치와 비전, 교육 프로그램, 학생 선발, 상급 학교 진학, 인성 교육, 재정 부담, 학교의 특색 등의 내용을 종합적으로 담고자 하였다. 그리고 교육적인 관점에서 객관적인 사실을 중심으로 쉽게 쓰려고 노력하였다.

그리하여, 대학이나 대학원에서 교재로 쓰일 뿐만 아니라 좋은 학교를 만들고자 노력하는 학교에서 참고할 수 있도록 했다. 또한 자녀 교육에 관심 있는 학부모님들이 학교를 직접 방문하지 않더라도 대상 학교를 이해할 수 있도록 기술하였다.

특색 있는 교육 프로그램들을 운영한다거나 사회적으로 인정을 받는, 평판이 높은 학교들에 대한 책자를 발간하여 다른 학교들이 참고하거나 벤치마킹할 수 있도록 함으로써 우리나라 교육의 발전을 유도하는 데 조금이라도 보탬이 되도록 하자는 생각도 하게 되었다. 또, 한류 열풍과 함께 우리나라의 학교를 개발도상국이나 선진국에 소개하면 좋겠다는 기대도 가지게 되었다.

최종 원고는 전체적인 구성의 통일성이나 핵심적인 키워드가 부족할 경우 자칫 해당 학교의 이미지를 실추시킬 수 있다는 우려도 없지 않아, 집필진의 초안 원고 내용을 토대로 전문 작가의 도움을 받으면서 여러 차례 수정하였다.

이번에 출간하는 1권에는 12개 고등학교가 포함되었다. 이번에 1차로 명품학교로 선정된 학교에 대한 불만이나, 참여하지 못하는 학교로부터의 이의 제기도 없지 않았다. 보는 관점이나 기준에 따라 여기 싣지 못한 학교도 명품학교가 될 수 있고, 또 오랫동안 훌륭한 학교로 인식되어온 학교들도 있지만 새롭게 좋은 평가를 받는 학교들도 자꾸 생겨나고 있기 때문이 아닌가 생각된다. 게다가, 어떤 학교는 원고를 다 써놓았는데도 해당 학교에서 최종적으로 출판에 동의하지 않아 아쉽게도 포함되지 못하기도 하였다. 앞으로 2권을 출간할 때 명품고등학교들을 추가로 선정하여 포함시키기로 하고 준비를 진행 중에 있다.

장별로 서정화 교수가 민족사관고, 상산고, 거창고, 홍익대사대부속여고를, 정영수 교수가 동산고, 대건고를, 최원호 교수가 서울예술고, 포항제철고를 집필하였다. 또, 김세진 교장이 대원외국어고, 김일형 교장이

국제청심고, 이근청 교장이 청원고, 그리고 이인회 교수가 제주 세화고를 각각 집필하였다.

바라기는 이 책이 학교 경영자들이나 학부모들에게, 그리고 학교 경영에 대한 이해를 높이고 이 책을 연구 자료로 삼고자 하는 이들에게 조금이나마 도움이 될 수 있으면 좋겠다.

끝으로, 이 책자 집필을 위해 수고하신 집필진 여러분들에게 깊은 감사를 드린다. 아울러 명품학교 교장님 및 선생님들에게도 각별한 감사의 마음을 전하고 싶다. 특별히 초안 원고를 교열해 주신 맹한승 주간께 감사드린다. 또한 경동호 교감선생님께도 감사의 말씀 드린다. 아울러 원고를 다듬는데 많은 도움을 준 김지순 선생과 지미정 조교에게도 고마움을 표하고 싶다. 이 책자가 나오도록 오랫동안 기다려 주신 시간여행 출판사에 심심한 감사를 표한다.

집필을 대표하여, 서정화, 정영수, 최원호
2015년 6월

목차

제3장 인성을 중시하는 명품학교

제1장

한국의 명품학교를 말한다

한국의 명품학교가 탄생하기까지

오케스트라를 지휘하는 명품학교

《한국의 명품고등학교》는 무엇을 말하고자 했나?

01
한국의
명품학교가 탄생하기까지

우리나라는 해방 이후 근대화, 산업화, 민주화, 선진화 과정을 거치면서 많은 변화와 발전을 거듭했다. 1960년대 1인당 GDP가 79$에 불과하였지만, 2015년 현재 3만$에 달할 것으로 예상하고 있다. 이제 경제적인 측면에서 10대 강국에 들어가게 될 정도로 그 위상을 인정받고 있다. 개발도상국들이 한국의 성공 모델을 벤치마킹하려 하는 이유다. 이처럼 엄청난 성장과 발전을 이룩한 것은 국민들의 뜨거운 교육열 위에 양성된 우수 인력의 활동에 기인한 바 크다. 교육을 통해 배출된 인재들이 사회 각 분야에서뿐 아니라 세계 각국으로 진출하여 활약한 결과이다. 그동안 교육의 질적 향상을 기하기 위해 교원들은 물론이고 학부모, 정책결정자들이 많은 노력을 기울여왔다. 학교 교육을 내실화하고 교육의 본질을 구현하여 교육의 국제 경쟁력을 높이기 위해 주력해왔다. 국가 경쟁력의 원동력이 교육에 있으며 이제 한국 교육은 명실상부한 세계 속의 한국을 빛내는 등대지기의 역할을 충실히 감당해왔다고 하지 않을 수 없다. 흔히, 맹모삼천(孟母三遷)을 이야기하거니와 학생들은 물론이고 부모들도 내 아이만큼은 더 좋은 명문학교에, 교원들도 이왕이면 더 좋은 학교에 근무하고 싶어 한다. 이러한 이유로 근자에 '좋은 학교', '명품학교', '명문학교', '효과적인 학교(effective school)' 등에 대한 논의가 활발하게 이루어지고 있다. 이러한 움직임도 학교 교육의 질적 수준을 높이고, 또 학생들이 행복하고 교원들이 보람을 느끼며 학부모가 만족하는 학교를 만들자는 취지에서 생겨난 명칭들이다.

여기서 '좋은 학교'는 바람직한 학교, 이상적인 학교의 모델을 뜻하는 것으로 볼 수 있다. 한편, 명문학교(Prestige School, Elite School)는 소문난 우수 학교로 들린다. 또 효과적인 학교는 학업성취에 초점을 두고 학업성취 수준이 높은 학교로 인식되고 있다. 마찬가지로 외국에서 '좋은 학교'는 우리나라에서와 크게 다르지 않은 개념이다. 미국의 경우 좋은 학교는 바로 질 높은 학교(quality school)로 인식되었다. 학생들이 양질의 교육을 경험하며, 최상의 노력을 기울여 학업성취 수준을 높이는 학교다. 이러한 학교는 '가고 싶은 학교, 폭력 없는 학교' 만들기에 역점을 둔다. 또, 자녀의 성장에 학부모의 역할을 매우 중요하게 보고 부모 교육을 강조한다. 자녀 교육은 부모에게도 책임이 있기 때문이다. 그리고 학생들이 자율역량을 가지고 교육 문제를 함께 해결해 나간다. 미국의 교원단체인 NEA(National Education Association)가 한동안 가장 역점을 두었던 이상적인 학교로 여겨졌다.

명품학교가 추구하는 교육의 본질

그러면, 명품학교는 어떤 학교인가? 명품이란 단어에서 상업적인 냄새가 난다는 지적도 없지 않겠지만 여기서 명품학교는 바람직한 학교의 모습과 특성을 많이 갖춘 학교라고 할 수 있다. 즉, 명품학교는 '교육의 본질을 구현하는 데 주력하면서 다른 학교와 차별화된 교육 프로그램을 운영함으로써 좋은 평가를 받을 뿐 아니라 창의적이고 선도적이며 지속적인 혁신을 통해 학교 교육의 질적 수준을 높이는 학교'이다. 다시 말하면 명품학교는 학생들이 행복하고 즐거운 학교생활을 하고 교사들이 보람을 느끼며 학부모들이 좋아하고 만족하는 학교. 즉, 학교 참여자들에게 높은 평가를 받으면서 학생 · 학부모가 선호하고 선생님이 근무하고 싶어하는 학교이다. 이렇게 명품학교를 정의하지만, 이는 맞고 틀리고의 문제가 아니라 규정에 따라 진(眞)이 되는(true by definition) 문제이다.

명품학교의 특징을 몇 가지 제시하면 다음과 같다.

먼저, 길러야 할 바람직한 인간상이 뚜렷하게 제시된 학교다. 여기서 바람직한 인간상은 교육을 통해 길러야 할 능력과 자질 및 역량(competencies)이다. 학교경영의 지향 가치 즉, 학교 교육 목표를 구현하기 위해 학교경영 목표 및 경영방침 등으로 학교의 지향점과 표적이 제시된다. 학교 헌장(憲章) 또는 사명선언(Mission Statement)으로 제시되기도 한다. 이러한 지향 가치는 학교 교육이념, 건학이념, 교훈, 학교 교육 목표 등으로 분명하게 제시되어야 한다. 이는 학교 교육의 과정과 전체 프로그램 운용에 투영되어야 하며 학생, 교직원은 물론이고 학부모, 지역사회에 알려져야 한다.

둘째, 수월성(excellence) 교육 즉, 학생들의 학업성취에 일차적인 주안점을 둔다. 여기서 수월성 교육은 학습자 개개인의 잠재능력을 최대한 계발할 수 있도록 도와주는 교육 활동이다. 우수한 아이들의 능력을 더욱 계발할 뿐 아니라 뒤처진 아이들의 능력과 잠재력을 최대한으로 계발하고 끌어올리려고 노력하고, 학업성취 수준을 향상할 수 있도록, 학습 진단에 대한 격려와 자극을 끊임없이 제공한다. 암기 위주의 주입식 교육이 아니라 뉴먼(Newman)이 말하는 것처럼 이해력, 적응력, 평가능력, 사고력, 분석력, 고등정신 기능 등을 강조하는 참된 학업성취(authentic achievement)를 이루어내는 학교다.

셋째, 창의적이고 다양한 프로그램이 운용되는 학교다. 이를테면, 인성 교육을 강조하여 특색 있는 교육 프로그램을 운영하는 것이다. 학업성취도 신장 못지않게 중시되어야 할 것이 바로 인성 교육, 전인 교육이라는 데 동의하면서도 여기에 중점을 두기 어려운 것이 학교 교육 현실이다. 그렇지만 '인성이 진정한 실력'이라는 인식 아래 우리가 기대하는 바람직한 품성을 지닌 인재 육성이 이루어져야 한다. 글로벌 시대에 걸맞은 세계시민으로서의 가치관 확립 및 품성계발과 관련된 창의적인 프로그램을 운용하는 데 학교 간의 선의의 경쟁이 필요하다.

넷째, 쾌적한 환경 및 시설을 갖춘 학교다. 학교 시설이 잘 갖추어질수록 학생들의 행복감이 높게 나타난다. 즉, 쾌적한 환경과 좋은 시설은 학생들의 만족감을 높이고 더 나아가서 학생들 자신의 주관적인 행복 수준을 끌어올린다. 이는 최첨단의 친환경 학교 교육 시설 확보라든지, 기자재 확충 등이 필요한 이유다. 물론 최첨단으로 지어진 학교 시설이라고 모든 것이 해결되는 것은 아니다. 학교 시설을 설계할 때부터 교육 용도에 따라 학생을 위한 세심한 배려가 필요하다. 교육과정과 학생들의 창의성을 높일 수 있는 교실 환경을 만들어주는 것도 매우 중요하다. 친환경적이고 인간중심의 건축 형태로 학교 시설도 발전하고 있다. 학교는 학생들이 대부분의 시간을 보내는 생활공간인 만큼, 공간 심리를 적용해 편안함을 느끼게 하고 카페처럼 쉼을 얻을 수 있는 공간들이 더 많이 만들어지도록 사고의 틀이 이미 바뀌고 있다.

다섯째, 자율적이고 책임성 있게 운영되는 학교다. 자율적인 인간을 기르는 것이 교육의 중요한 목표라고 볼 때 교수·학습 활동뿐 아니라 학급 및 학교경영, 교육 프로그램의 운영 등 전체 교육 운용과정에서 자율이 강조되어야 한다. 그동안 집권적이고 획일적인 분위기로 인해 교원이나 교육 행정·경영자들은 의존적이고 수동적인 자세에 길들여왔다. 이제 종래의 방식으로부터 탈피하여 창의적이고 차별화된 교육 프로그램들을 운영하는 방향으로 나아가려는 단위 학교의 노력이 곳곳에서 시행되고 있으며 더 많은 학교가 이와 같은 노력에 동참하여야 한다. 이런 점에서 학교장의 교육과정 운영의 재량권 확대 노력이 앞으로도 지속되어야 할 것이다.

여섯째, 전문적이고 개방적인 분위기가 지배하는 학교다. 전문가 집단인 교사들이 주축이 되고 있는 학교에서 전문적 분위기 형성 노력은 당연한 일이 될 것이다. 또 변화에 적극 대응하는 개방적 자세가 요청되고 있다. 그런 점에서 교사들이 교수·학습 활동에 더 많은 에너지를 투입할 수 있는 여건을 마련하고 전문성 신장의 기회를 확대해야 한다. 교사 개인의 학력과 연수 실적 등을 반영할 수 있는 새로운 보수체제 개편과 인센티브 확충, 그리고 우수교사를 위한 학습 연구년제 제도화 등도 전문성 강화에 도움이 될 것이다.

일곱째, 공동체 의식이 공유되어 있는 학교다. 미국의 교육행정학의 대가인 세르지오반니(Sergiovanni)는 학교의 본질적 기능인 '배움과 돌봄'이 회복되기 위해 학교가 공동체로 다시 형성됨으로써 학생들의 행복한 삶과 미래를 위한 준비를 해야 한다고 강조한 바 있다. 학교는 학부모와의 파트너십을 형성하고 지역사회 등과의 긴밀한 네트워킹을 구축하여 운영될 필요가 있다. 사랑과 신뢰, 교직 전문성에 대한 상호 존중, 합리적 주장이 수용되는 관계로의 회복과 교육적인 만남을 통해 교육 본질이 추구되어야 한다. 교장 및 교사 위주 학교경영이 아니라 미래의 주인공인 학생의 성장과 안전과 행복을 핵심가치로 두고 모든 구성원이 함께 참여하는 공동체적 노력이 요청되고 있다.

끝으로, 학부모 및 지역사회와 파트너십을 형성한 학교다. 학교경영을 교육 목적 달성을 위해 학교 내외의 인적, 물적 자원과 정보, 네트워킹 등을 총동원하여 활용하는 행위라고 볼 때, 높은 교육열을 지니고 있는 학부모들로부터 최대한의 도움을 받을 필요가 있다. 학교 교육 공동체의 일원으로서 학교 교육참여, 자원봉사, 학교 교육 모니터, 학생복지 지원 등을 위한 학부모의 적극적인 참여 활동이 필요하다.

02
오케스트라를 지휘하는 명품학교

명품학교에는 명품을 만드는 명지휘자가 있다. 다름 아닌 명품학교의 교장선생님이다. 그들은 교육 활동의 편집자이다. 그들은 교육에 관한 철학이 있고, 자신이 꿈꾸는 학교, 교사, 학생이 어떤 가치를 지닌 존재여야 하는지에 대한 확실한 비전을 지니고 있다. 그리고 창조적 학교경영을 하며, 창조적 경영에 따라 교사와 학생들이 마음껏 창의적 교육 활동을 펼쳐나갈 수 있도록 지원하며 지휘한다.

명품학교는 누구도 대신할 수 없는 특성이 있다. 명품학교에는 명품교장이 있다. 명품교장은 명품교사와 함께 일하고 명품학생을 길러낸다. 명품학교에는 명품다운 고유의 조직풍토와 학교문화, 명품교육 환경이 있다. 그리고 명품풍토, 문화, 시설, 환경을 만들어가기 위해 학부모, 학생, 교사, 그리고 지역사회가 함께 더불어 노력한다. 인성 교육의 한계를 극복하기 위해 노력하고, 공동체 정신과 꿈을 회복시켜주는 학교가 있다. 꿈이 있는 아름다운 학교가 있다. 바른 자세를 길러주고 인간의 정체성을 알게 하는 장소를 보여준다. 인격 존중과 신뢰를 체험하는 곳이 있음을 알게 한다. 교사, 학생, 학부모가 삼위일체가 되어 자라나는 세대에게 희망을 주는 교육을 볼 수 있다. 마음껏 자신들의 재능을 발휘할 수 있고, 자존감을 일깨워주는 교육 활동이 전개되고 있는 학교가 있음을 느끼게 해준다.

우리나라에서도 건학이념과 실제 운영이 일치하는 여러 학교를 찾아볼 수 있다. 전인적, 창의적, 자율적 인재를 양성하고 철저한 기초학력 교육을 해주어서 고맙다. 꿈과 끼를 키우는 동아리 활동이 있다는 것이 다행스럽다. 학교 폭력, 왕따가 발붙일 틈이 없는 학교가 있다는 것이 놀랍다. 자율적 창의경영 역량을 갖춘 학교가 있어서 믿음직스럽다. 학생들이 자기 주도적 학습 역량을 갖추고 흥미와 적성을 발견하며, 참여적 토론식 수업을 하는 모습을 볼 수 있어서 신선하다. 지식 정보 활용 시스템을 갖추고 하이테크와 더불어 하이터치의 감성 교육을 실천하는 학교가 있어서, 가히 교육 강국을 유인하고 있다고 말할 수 있다. 명품학교라는 오케스트라의 구성을 위한 모든 것들이 어느 하나 빠짐없이 멋진 조화를 이루고 있다 할만하다.

오케스트라의 명품연주를 위한 핵심

명품 교장선생님은 자신의 모든 활동을 어떻게 하면 잘 가르치는 학교가 될 것인지 고심한다. 잘 가르치며 지도하는 교사가 될 수 있도록 먼저 교사 자신의 변화를 이끌어내고, 잘 가르치는 환경을 조성하며, 학습 효과를 높이기 위해 학교 풍토, 문화를 조성하고 학생들에게 삶의 의미와 가치를 인식시키는 상징적, 문화적 지도성을 발휘한다.

첫째, 명품학교 교장은 실현 가능한 교육 목표를 설정하고 참된 교육 목표를 실현하기 위해 노력한다. 무엇보다 교육의 본질적 가치의 중요성을 인식하고 교육이 도구화, 수단화, 장식화되는 것을 예방하기 위해서이다. 교육의 참된 가치가 왜곡되는 것을 안타까워하며 교육의 본령을 지키려 하는 것은 본질적 가치의 중요성을 교육적 인간상으로 구체화하는 것이다.

둘째, 명품학교 교장은 학생의 마인드, 심성을 변화시키기 위해 노력한다. 이들은 지배적 사고구조를 변화시키는 데 관심이 있다. 단순히 지력을 향상시키고 진학 준비를 위한 교육만을 시키는 것이 아니다. 지력과 사고의 지배구조를 변화시키면 학습 성과가 높아진다는 사실을 잘 알고 있다. 이러한 사실은 인성 교육의 중요성을 올바르게 인식하는 것과 무관하지 않다.

셋째, 교사와 학생이 참 만남의 관계를 경험하게 하는 데 관심을 기울인다. 스침이나 지껄임의 관계가 아닌, 진정 인격적이고 참된 만남을 체험하게 함으로써 올바른 인간관계가 무엇인지를 배우게 한다. 이에 따라 교사와 학생 간, 학생과 학생 간 상호 존중하고 인격적 배려를 할 수 있는 것이 얼마나 중요한지를 알게 하고 함께 더불어 학습하는 즐거움을 갖게 한다.

넷째, 명품학교 교장은 목표 달성도를 높이는 고성능 학교(high performance)를 만들어간다. 그러나 고성능 학교에 머무르지 않는다. 학생이 올바른 가치와 의미를 찾는데 초점을 둔다. 단지 목표의 효과적 성취에만 관심을 기울임으로써 이기주의·경쟁주의·출세주의에 함몰되지 않을까 염려하며, 효과적 학교 만들기에 따른 역기능을 예방할 수 있도록 한다.

다섯째, 명품학교 교장은 책임경영의 원리를 알고 있다. 책임경영의 철학과 원리는 크게 4가지이다. 첫째는 권력 공유로 권력을 분산하고 나누어준다는 원리이다. 둘째는 가능한 한 많은 구성원이 의사결정에 참여할 수 있도록 함으로써 조직에의 소속감과 의미감을 느낄 수 있도록 하는 것이다. 셋째, 기회개방과 선택으로 모든 지식과 정보를 공유하고 자율적으로 선택할 수 있도록 하는 원리이다. 넷째, 책임과 책무성인데 자신의 선택에 따른 책임을 지고, 공개적으로 자신의 노력과 성취 결과에 대해 보고하고 상응하는 보상을 받도록 하자는 것이다.

오케스트라의 악기 하나하나가 명품

명품학교는 제각기 수업경영, 교실, 학습, 환경, 학교경영에 특색이 있는 학교이다. 제각기 교육 환경에 따라 적합한 방법으로 대응하고, 변화에 적극적으로 창조적 접근을 해온 학교라는 점은 분명하다. 새로운 학교를 만들어가고자 하는 신흥학교나 기존의 학교들이 때로는 타산지석으로, 때로는 벤치마킹의 대상으로 삼을 만한 시사점이 있다. 이들 학교의 특성을 고려하면서 몇 가지 명품학교가 지향해야 할 방향을 설정해 두는 것은 의미 있는 일이라는 것을 확신하게 되었다.

명품학교가 지향할만한 점을 수업경영관, 학습관, 교실관, 수업환경관, 학교경영관으로 구분하여 살펴볼 수 있다. 명품학교의 공통점이라기 보다는 명품학교가 되기 위한 하나의 접근법으로서 예시한 것이다.

첫째, 명품학교는 수업 패러다임이 전통적 패러다임을 벗어난다. 말하는(Telling) 패러다임에서 보여주는(Showing) 패러다임으로, 한걸음 더 나아가 수업에 참여하는(Involving) 패러다임으로 나아간다. 모든 교사가 일방적으로 가르치려는 유혹에서 벗어나 집단지성 활용체제를 갖추고 학생 주도적으로 학습 할 수 있도록 한다. 단기간의 성취만을 목표로 하는 패스트푸드(fast food) 교육모형에서 벗어나 있다.

둘째, 명품학교는 창조적 교실관을 갖고 있다. 표준관리에서 질, 가치를 창조하는 곳으로서의 교실관이다. 교실은 가치를 창조하는 곳이라는 인식을 한다. 교실은 지식판매의 장이 아니라 자신의 능력, 가치를 창조하고 삶의 의미를 알게 하는 곳이다. 고정된 공간개념에서 탈피하기 위해 노력한다.

셋째, 명품학교는 수업경영관을 갖고 있다. 수업을 '경영한다'는 관점은 단위 학교별로 좋은 수업을 모든 학생에게 제공할 수 있는, 실질적인

'좋은 수업의 기회균등'을 기하도록 한다는 의미를 함축하는 개념이다. 학교별로 시너지를 극대화할 수 있는 우수한 '수업경영 시스템'을 구축하고, 우수한 교육 정보 프로그램을 적극적으로 활용하는 체제를 갖추고 있는 학교가 명품학교이다. 학습네트워크, 공시적 수준별 수업이 가능한 체제를 구축하기 위한 노력을 한다.

넷째, 명품학교는 반성적 학습관을 강조한다. 반성적 문제 해결을 위하여 문제를 확인하고 원인을 분석하며, 답을 스스로 찾아내며, 실행계획을 세우는 과정을 중시한다. 자기주도적 학습공간을 충실히 배치하고 개인별 넷(net)을 활용하는 체제를 갖춘다. 변화를 읽어내는 힘을 길러주고 성과에 집착하지 않도록 하는 데 치중한다.

다섯째, 명품학교는 생태적 학습 환경관을 갖추기 위해 노력한다. 화석화된 교실에서 살아 있는 교과 교실로, 전시적 교실, 스테레오 타입에서 다양하고 차별화된 교실로 변화시키기 위해 노력하는 곳이다. 전문적 환경, 생생한 체험실습장으로서의 학습 환경을 구축하고 있다. 세계 선진 교육민족 유태인의 교육인 '삶, 체험으로서 교육하라'는 말을 실천한다.

여섯째, 명품학교의 교장은 창조적 단위 학교관을 갖고 학교를 이끌어 가는 데 자생적 교육 선진동력을 구축하기 위해 노력한다. 학교장·교사·지역사회·학부모가 다함께 자율적, 창조적 생산적 역량 발휘체제를 구축할 수 있도록 노력한다. 학생들이 타고난 재능으로부터 유리되지 않고, 현재의 기쁨을 누리고 미래의 성공적 삶을 그리며 꿈을 마음껏 펼칠 수 있도록 한다.

마지막으로, 명품학교 구성원들이 그리는 학교조직은 학습조직이다. 구성원 개개인이 따로따로 존재하는 것이 아니라, 학교조직의 변화와 혁신의 조건은 개인역량을 조직역량으로 전환하는 것이다. 학습조직은 창의적인 아이디어를 지속적으로 끄집어내는 조직이다. 이는 팀 빌딩을 통해서 이루어진다. 팀 학습조직 구성원은 내용 전문가일 뿐 아니라 방법 기술의 전문가이다. 학습조직이란 아이디어를 창출할 수 있는 기법과 과정을 활용하는 조직을 뜻한다.

03
《한국의 명품고등학교》는 무엇을 말하고자 했나?

《한국의 명품학교》를 처음 기획했을 때의 이야기이다. 필자들이 한자리에 모여 다양한 의견을 주고받으며 '명품학교'로 갈 것인지, '명문학교'로 해야 할지를 두고 논란이 끊이지 않았다. 명품학교의 선정 기준을 놓고는 넘쳐나는 자료들 속에서 끝이 없는 설전을 벌였던 기억이 새롭다. 다양한 의견을 공통된 하나의 묶음으로 내놓기까지 우여곡절이 많은 만큼이나 아쉬운 점도 많았다. 그러나 단행본 원고가 완성되고, 이어 원고를 만들면서 자부심이 생겼다. 오히려 처음 기획할 때보다 명품학교가 한국에 많이 있다는 사실에 행복했다. 일반고뿐만 아니라 특성화학교나 대안학교도 어떤 명문학교보다 더 값진 교육을 일구어내고 있다는 점에, 단행본으로 끝낼 것이 아니라 영역별로 명품학교를 소개하고 싶은 욕심마저 생겨났다.

한국의 교육열은 세계 어떤 민족보다 열정이 가득하고 역동적이면서도 에너지가 충만하다. 마치 대기 속의 수증기를 빨아들이는 먹장구름처럼 교육을 둘러싼 엄청난 갈등들이 벌어지고 있지만, 어느 한 순간 교육 에너지를 모았다가 결정적인 순간에 위기를 극복하고 문제를 해결하려는 한줄기 에너지가 되기도 한다. 그 중심에 한국이 배출한 수많은 인재가 세계 요소요소 포진하고 있으니, 석유 한 방울 나지 않는 이런 좁은 땅덩어리에서 세계를 깜짝 놀라게 하는 인재들이 배출되고 있다는 자체가 경이로울 따름이다. 그것은 바로 무한한 인적자원의 잠재력을 개발하는 한국 교육이 있었기에 가능했던 것이다.

숙달된 조교처럼 명품모델이 절실하다

대부분의 필자들이 대학 강단에서 한국의 교육을 걱정하며 때로는 교육 정책을 논하기도 하지만, 예비 교사들에게 한국의 학교 이야기를 들려주는 것이 가장 중요한 일 중에 하나이다. 우리가 해야 할 것은 예비교사 즉, 사범대학이나 교육대학 학생들에게 전공별 교육을 가르치는, 군대 용어로 숙달된 조교처럼 기본에 충실하는 법을 가르쳐주어야 하는 것이다.

남학생의 경우 입대하면 훈련소에서 4주 또는 6주간의 기본 훈련과정을 의무적으로 거친 후에 자대에 배치된다. 훈련소에서 처음에는 걸음걸이 하나부터 방향전환까지, 별것도 아닌 것도 숙달된 조교의 시범을 보고 그대로 따라 하지 않으면 안 된다. 신기한 것은 이미 숙달된 조교들은 로봇과 같이 원칙과 기본에 따라 한 치의 오차 없이 철저한 모습이라는 것이다. 매일같이 하는 일이라고는 기본적인 훈련내용을 반복하고 또 반복하는 것이다. 단순하게 생각하면 그냥 한번 해보면 다 아는 것인데 그것을 왜 그렇게 반복하고 목소리 높여 복명복창해야 하는지 이해할 수가 없었지만, 훈련과정을 마치고 자대 배치를 받고 보면 바로 이때를 위한 것임을 깨닫게 된다. 군생활 중에 어떤 위기나 난관에 부딪쳤을 때 문제를 해결하는 가장 기본적 매뉴얼로 A, B, C에 따라 원칙을 준수했느냐, 하지 않았느냐가 상벌을 갈라놓는다. 훈련소에서 배운 모든 것들이 성공적인 군생활을 마치기 위한 전제 조건이었음을 확연하게 알게 된다.

자동차 운전 또한 마찬가지로 처음 만난 교관의 운전 형태를 그대로 본받는 경우가 대부분이다. 교통법규에 따라 기본을 준수하고 가장 초보적인 것을 강조하는 교관에게 배운 사람은 수십 년이 지난 지금도 철저하게 방향지시등부터 켠 다음에 끼어들기를 시도한다. 하지만 한국의 운전 형태라며 자동차 앞부분인 시쳇말로 머리부터 들이밀고 보자는 식으로 운전을 배운 사람은 방향지시등 자체를 액세서리로 달고 다니는 듯하다. 그러나 기본과 원칙을 무시하고 달리다가 깜빡하는 순간 예상치 못한 사고에는 속수무책이다.

갓 태어난 아이는 처음으로 어떤 맛을 경험하느냐에 따라 평생 입맛이 달라진다. 모유를 수유한 아이와 분유에 길러진 아이의 입맛은 전혀 다르다. 그 아이의 이유식이나 식단도이 바뀔 수밖에 없다. 그런 입맛에 길들었으니 한국의 김치보다 치즈나 피자같은 서구적인 입맛으로 변할 수밖에 없는 현실이다. 개나 고양이와 마찬가지로 처음 자기에게 젖을 물린 것이 어미인 줄 알고 졸졸 따라다니는 것을 보게 되면 세상에 어떻게 저럴 수 있을까 하지만, 그럴 수밖에 없는 것이 교육이다.

예비 교사들에게 꿈이 아닌 현실을 보여주는 것

2년도 채 안 되는 군대생활도 이러한 원리와 원칙에 따라 반복하고 또 반복해 한 치의 오차도 허용하지 않는다. 하물며 한국의 미래를 이끌어 가는 예비 교사를 양성하는 사대나 교대에서 강의하는 시범조교들의 마음속에 한국의 교육에 대한 긍정적이고 적극적이며 성취지향적인 창의적 상상의 세계가 펼쳐지지 않고서는 절대적으로 그들에게 교육희망을 심어줄 수가 없다. 스무 살의 앳된 사범대학이나 교대 학생들이 한국 교육이 가야 할 길을 물을 때 올바른 방향을 제시해줄 사람도 결국은 대학 강단에 선 교수들의 몫이다.

이들은 예비 교사의 꿈을 이루기 위해 유치원에서부터 고등학교까지 죽어라고 공부하고 왔지만, 예비 교사로서의 교육 마인드는 처음 만나는 교수들에 의해 좌우된다. 불과 1~2년 전만 해도 고등학생에 불과했던 그들이 예비 교사라고 하는 집단에서 이미 학교 교육에 대해 나름대로 가치관을 형성하고 있다. 그들 앞에서 한국의 교육현실을 무참히도 비판하고 난도질을 해대면서 입에 거품을 무는 선생님들도 있다. 그 또한 알고 보면 혼자 입에 거품만 물고 온갖 침이란 침은 다 튀겨가며 고래고래 소리만 질렀을 뿐이지, 막상 한국의 교육 현실이나 명품학교를 찾아 현장을 다녀온 적이 있느냐고 물어보면 십중팔구는 그런 학교 근처에도 가본 적이 없는 종이호랑이에 불과하다. 그러면서 예비 교사들에게 한국의 교육 현실에 대해 아무런 대안 없이 비판을 위한 비판만 해댄다는 것은 참으로 위험천만한 일이다.

중국을 다녀온 두 사람이 있다. 백두산 가는 길목의 연길을 다녀온 사람은 마치 중국 전역을 다 다녀본 것처럼 중국은 아직도 우리나라 70년대를 벗어나지 못하고 있다고 외쳐댄다. 그러나 북경이나 상해 지역을 다녀온 사람은 우리나라 서울조차 비교할 대상이 아니라고 딱 잘라 말한다. 장님이 코끼리 다리를 만진 셈이다. 이처럼 학교는 공립만 있는 것도 아니고 사립만 있는 것도 아니다. 모든 학교가 다 무너져 내린 것도 아니고 한국의 교육을 거칠게 폄하하기만 할 것도 결코 아니다. 사학이라고 모두 다 비난하거나 욕하는 것만이 능사가 아니다.

예비 교사들에게 보여주고 가르쳐야 할 것은 원리와 원칙에 따라 기본 중의 기본을 가르치는 일이다. 오목렌즈나 볼록렌즈 같이 편파적이고 왜곡된 시선이 아닌 정상인의 관점에서 좌우를 살피는 중심을 가르쳐야 한다. '가르치는 교사의 능력을 절대로 초월하여 가르칠 수 없다.'는 교육의 절대 명제를 생각하는 기회를 만들고 싶어서 우리는《한국의 명품고등학교》를 집필하게 된 것이다.

언제까지나 블루리본 학교 같은 외국의 우수학교만 소개하고 그들의 학교만 쳐다보고 그 학교들만 롤모델로 삼아서는 안 된다. 이미 우리 속에 명품학교들이 있음에도 내가 알지 못하고, 내가 경험해보지 못했다고 계속 모른 채로 있다면 우물 안의 개구리가 따로 없다. 내가 가보지 않았고 경험하지 않은 학교를 특목고라고 한꺼번에 욕할 이유도 없다. 하향평준화를 위해 손 놓고 있을 것이 아니라, 상향평준화를 위해 노력하고 또 노력해야 우리 교육의 수준을 상승시킬 수 있다.

통제와 간섭은 창의성을 키우지 못해

이미 한국에는 어떤 세계적인 명품학교나 명문학교 못지않은 훌륭한 학교가 곳곳에서 운영 중이다.

세상의 변화를 선도해야 할 것이 교육이다. 세상 따라가는 교육 정책은 항상 뒷북일 수밖에 없다. 그런 의미에서 교육 정책 입안자들이나 교육 관계자는 책상머리에 앉아서 정부가 바뀔 때마다 교육 정책을 재탕, 삼탕해서는 안 된다. 그보다는 앞서가는 한국의 명품학교를 찾아나서야 한다. 명품학교 현장 답사를 통해 현장 중심의 정책을 펴고 명품교육을 일반 학교에 접목시키는 지원 정책을 펴야 한다. 그래야만 세계 속의 한국 교육이 빛을 발할 것이다. 교육 당국 자체가 학교의 모든 것을 하나에서 열까지 간섭하고 통제하기 위한 행정 정책을 펼치면서 창의·인성 교육을 강조한다는 것은 어불성설이다. 통 속에 가둬놓고서 온갖 간섭과 통제를 하는 것은 창의성을 키우기보다 말살하는 것이다.

세상 변한 것은 알면서 교육의 현실이 얼마나 빠르게 변하고 있는지를 모른 채 아직도 지난 1960년대나 70년대의 교육을 들먹이면서 교육 현장이 변하지 않았다고 외쳐대는 이들도 없지 않은 것 같다. 교육이 과거 교육에만 집착해선 안 되는 것은, 자칫 소아병적인 교육 타성에 젖어 발전지향적인 에너지를 불필요하게 소모시킬 수 있기 때문이다. 전자 칠판이면 모든 것이 다 선진화된 것처럼 보이고, 아직도 분필 칠판이면 구석기시대라고 일괄적으로 폄하할 것도 못 된다. 제아무리 전자 칠판에 전자 교탁을 사용한들 교사의 생각과 사고가 창의적이지 못하면 그 자체가 시대착오에 자가당착에 빠질 수밖에 없다. 이런 왜곡되고 폐쇄적인 사고로 예비 교사들을 가르친다면 안타까운 일이다.

한국의 명품학교라 일컫는 학교들은 공·사립학교를 막론하고 지역별로 특성화된 학교들이 한두 곳이 아니다. 아쉽게도 공립학교의 경우에는 교장선생님의 활동에 따라 4년 전의 명품학교가 일정 기간이 지나고 보면 후임 교장의 공적이 과오로 뒤바뀌거나 교육과정이 몸살을 앓게 되는 일도 비일비재하다. 그런 모습들을 지켜보면서 아직 공립학교가 지향해야 할 또 다른 과제가 있음을 알게 된다. 다행히도 일부 명문사립학교는 설립자의 건학이념이나 교육적인 가치관이 고스란히 이어져 내려오고 있어 안도의 숨을 내쉴 수 있었다. 얼핏 보면 모든 것이 엇비슷하고 특성이 없는 것처럼 보일지 몰라도 그 속으로 들어가 보면 볼수록 설립자의 교육철학이나 교육 가치관이 감탄을 자아낼 수밖에 없는 학교들이 명품학교들이었다.

특히 사립학교의 경우 설립 당시나 지금이나 마찬가지로 개인 재산으로 학교를 세우고 인재 양성에 헌신한다는 자체가 보통사람들은 상상할 수 없는 일이다. 국가와 민족을 위해 기꺼이 헌신한 선각자들의 뜻이 교육 현장에 살아 숨 쉬고 있음을 깨달았을 때 그분들의 정신에 아낌없는 찬사를 보낼 수밖에 없었다. 아쉬운 것은 설립자의 유지를 잘 받들어 대를 이어가며 지금도 변함없는 초심으로 육영사업에 헌신하는 분들도 있었지만, 후세들에 의한 영혼 없는 육영사업에 많은 사학이 온갖 비리로 얼룩지거나 불법과 탈법의 온상으로 내몰리고 있는 안타까운 현실이었다.

한류 문화에 한국의 명품학교가 빠져서야

이제 우리는 이 책을 통하여 외국의 선진학교라 일컫는 일류학교만 예비 교사들에게 주입할 필요가 없다는 사실을 알리려 한다. 한국에도 명품학교들이 있다는 것을 알려주고 현장을 다녀오게 하고 그 학교를 연구하고 벤치마킹하는 교육 방법도 도입해야 할 때이다. 왜냐하면, 교사들이 꿈꾸는 그런 막연한 학교들이 더 이상 꿈이 아닌 이미 현장 속에 실현되고 있음을 확인시켜 주어야 하기 때문이다. 학부모에게도 마찬가지이다. 내 아이가 공부 못한다고 해서 일찌감치 그런 학교 자체를 포기할 것이 아니라, 부모가 그런 학교가 있다는 것을 얼마나 알고 있느냐에 따라 아이의 꿈과 희망 그리고 이상이 달라질 수 있다는 것을 명심해야 한다.

우리나라 드라마 열풍은 전 세계적으로 한류 문화코드를 이어가고 있다. 그 속에서 펼쳐지는 한국식 음식이나 가요, 연기, 스포츠 등은 세계적인 관심의 대상이요, 시대적 트렌드를 주도하는 문화코드이다. 그런 중심에 한국의 명품학교는 근처에도 못 들어가고 드라마 속에 비치는 학교의 이미지는 온통 부정적인 것으로 물들어 있다. 지나친 교육열이 가져온 폐단에만 초점이 맞춰져 있거나, 학교 폭력으로 얼룩져 있는 장소, 자살과 살인이 일어나는 괴담 장소로 비치고 있다. 그런 실상이 존재하기는 하지만 그렇지 않은 곳이 더 많음에도 모든 학교 교육이 다 그런 것처럼 일반화시킨다.

한류에 세계가 주목하고 미국의 오바마 대통령이 한국의 교육을 몇 번씩이나 칭찬하는 것을 교육 현장에 더 큰 시너지 효과를 낼 수 있도록 끌어들이지 못할 이유가 없다.《한국의 명품고등학교》이야기 속에 나오는 학교는 정말 멋진 학교요, 꿈과 희망이 있고 인성 교육이 살아 숨 쉬는 곳이다. 이러한 교육 형태나 학교운영의 방법들이 특별한 학교의 전유물이 아니라, 일반 공립학교에서 더 많이 확산되고 실천되어야 한다는 야심찬 욕심에서 출발한 것이 여기까지 오게 된 것이다.

학교 프로그램들은 너무도 다양하게 특성화되었고 멋진 기획에 온갖 기술적인 방법들로 구성된 것들이 가득했다. 보물 상자를 여는 것처럼 재미와 기쁨이 있고 한국의 비전을 보는 듯한, 최고의 가치를 추구하는 명품들이 곳곳에 숨어 있었다. 더 많은 일반 학교들의 명품을 담아내지 못한 데 아쉬움이 크다. 각 학교가 가진 고유의 교육철학이나 가치관들을 최대한 훼손하지 않는 범위 내에서 접근하다 보니 좀 더 읽기 쉽고 솔직한 이야기들로 채우지 못한 아쉬움이 없지 않다. 또, 교육적 관점에서 교육의 가치나 지향 방향들을 과감하게 접목하지 못하는 한계도 있었다.

때로는 현황과 실태에 집요하게 천착하지 않으면 결국 대책을 세우더라도 이미 늦은 것이 될 수도 있다. 실례로 독도 영유권 문제에 대해 당연히 우리 땅인데 무슨 소리냐며 우리가 무심히 손 놓고 있을 때 일본에서는 교과서에 이를 게재했다. 이것은 역사적 접근에서 하늘과 땅 차이다. 이는 우리의 교육 정책 입안자들이나 일부 학자와 학부모들이 외국의 학교사례를 맹신하는 것과 일맥상통한다. 한국의 학교에서 수용해야 할 한국의 학부모와 학생은 외국인이 아니다. 외국은 우리와 정치와 문화가 다르고 성향이 다르다. 한국의 다양한 명품학교에 대한 관심이 없었고 그런 학교를 비판과 부정의 시선으로만 바라봤기 때문에 접근조차 하지 못한 탓이 더 크다.

교육의 힘은 놀랍다.《한국의 명품고등학교》가 예비 교사들에게 하나의 교재로 사용된다면, 그들은 외국의 어떤 명문 또는 명품학교 못지않은 학교가 한국에도 있다는 것을 주지할 수 있고, 우리 교육에 대한 자부심을 더 많이 갖게 될 것이다. 더 이상 외국학교를 우상으로 삼을 것이 아니라 한국의 멋진 학교를 세계 속에 자랑하며 내세워야 한다.

제 2 장

영재를 꽃피우는 명품학교

민족사관고등학교

G20 세계 명품고로 인정받는 민족교육의 요람

민족정신으로 무장한 글로벌 지도자 양성
자유롭고 독창적인 민사고 교육
글로벌 민족 교육을 책임지는 최고의 교원진
민족사관고의 오늘과 내일

상산고등학교

수학 인재 배출을 추구하는 국제인 양성 학교

지성, 덕성, 야성이 조화된 겨레의 전통을 빛낼 지도자 양성
수학과 기초과학을 탄탄히 다지는 이공계 중심 교육
학생 위주의 자율적 기초학문 향상을 위한 교육
기초학문 실력 향상에 중점을 둔 교과별 최상위 프로그램 운영
상산고의 오늘과 내일

포항제철고등학교

지·덕·체가 조화를 이룬 명품교육을 향한 길

인성이 중심이 된 실용적 교양인 육성
최고의 교사들이 가르치는 우수한 영재 교육
지·덕·체가 균형을 이룬 인재를 기르기 위한 교육
포항제철고의 오늘과 내일

1974~75년에 고등학교 평준화 정책이 시행되었다. 평준화 정책은 모든 사람을 위한 중등교육(secondary education for all)의 흐름 속에서 교육의 보편화를 추진했다. 평준화 시책이 추진된 지 40여 년이 경과하는 사이에 중등교육의 기회가 확대되고 교육의 보편화가 이루어지게 되었다. 그러나 평준화 정책 시행으로 학생·학부모의 요구와 필요를 충족시키지 못하게 되자 정부에서는 이를 보완하여 학생·학부모의 선택권을 확대하고 고등학교의 다양화를 유도하기 위한 교육적, 정책적 노력을 기울여 고등학교 유형을 일반고, 특성화고, 특목고, 자율고 등으로 구분하여 육성하게 되었다.

학교유형 중 가장 큰 관심의 대상이 바로 유수한 학생들이 모이는 학교이다. 대다수 학부모가 갖는, 자기 자녀가 영재이거나 천재일 것이라는 막연한 기대감에는 끝이 없다. 그렇다고 모든 아이들이 천재인 것은 아니지만 많은 아이들이 일반 아동과 달리 탁월한 소질을 가질 수 있음을 환기해야 한다. 영재로서의 특성을 지닌 학생들은 언제 선발하여, 어떤 교육을 시키느냐에 따라 그 결과가 달라진다. 최고 수준의 영재를 선발하여 차별화된 심화 교육을 실시하는 이런 학교들이 대한민국의 미래를 담보하고 있다.

우수한 학생들이 모이는 학교에서는 설립자의 교육철학이나 교육 가치관이 일관되게 학교운영에 적용되고 있다.

이러한 학교는 설립 당시나 지금이나 마찬가지로 개인 재산으로 학교를 세우고 인재 양성에 뜻을 두고 헌신하고 있다. 국가와 민족을 위해 기꺼이 헌신한 선각자들의 뜻이 교육 현장에 살아 숨 쉬고 있다는 것은 이들 학교가 명품학교가 될 수 밖에 없는 뚜렷한 이유이다. 명품 영재 교육을 실천하고 있는 학교에서는 개성 넘치는 인성 교육과 그 학교만의 우수한 교육 프로그램이 왜, 이 학교들이 뛰어난 성과를 거둘 수밖에 없는지를 갖가지 교육 성과로 보여주고 있다.

공자의 사상을 계승 발전시킨 철인 맹자는 〈진심편(盡心篇)〉에서 군자의 세 가지 즐거움, 군자삼락(君子三樂)을 논하였는데, 그 중의 하나로 "천하의 똑똑한 영재들을 모아 가르치는 것이 인생의 행복이다(得天下英才 而教育之 三樂也)"라 말하며 영재를 가르치는 보람과 의미를 강조했다.

이 장에서는 우수한 학생들의 심화 교육에 힘쓰는 민족사관고등학교, 상산고등학교, 포항제철고등학교에 대해 기술하였다.

대한민국 상위 1% 내노라하는 최고의 영재들이 모인 곳이다. 1996년에 파스퇴르 유업의 최명재 전 회장이 60여 만 평의 대지 위에 설립하였다. 학교 설립이념인 '민족정신으로 무장한 세계적 지도자의 양성'을 목표로 지금까지 1,600여 명의 소수정예 차세대 글로벌 리더를 배출하며 세계적 명문학교로 자리매김하고 있다. 민족의식 함양 교육과 전통적 가치에 대한 교육, 창의성을 발전시키는 영재 교육 등을 지속적으로 실시해 민족 주체성 교육을 실현하고 있다.

01
민족사관고등학교

G20 세계 명문고로 인정받는
민족교육의 요람

영동고속도로 새말 인터체인지를 지나가다 보면 오른편 높은 산 꼭대기에 민족사관고등학교 간판이 보인다. 대한민국 상위 1% 내로라하는 영재(英才)들이 모여 학문을 연마하는 민족 교육의 산실. 60여만 평의 넓은 대지 위 조용한 숲 속 캠퍼스에서 맑은 공기를 마시며 꿈을 키우고 미래를 준비하고 있는 내일의 주인공들이 공부에 여념이 없다. 설립된 지 20여 년 밖에 되지 않은, 이제 막 이들만의 전설을 만들고 있는 자립형 사학으로, 민사고 진학을 위한 학원이 만들어질 정도로 중학생 및 학부모들의 선망의 대상이 되는 명품학교이다.

설립자인 최명재 이사장이 젊은 시절 영국의 명문사학 이튼 스쿨(Eaton School)을 방문한 후에 '한국에도 이처럼 훌륭한 학교가 있으면 좋겠다.'는 소망을 품게 되었고, 그 소망을 실현하고자 태어난 학교가 바로 민사고이다.

학교법인 명재학원은 학교 설립 계획에 대한 승인을 얻어 1995년 10월에 민족사관고등학교 설립 인가를 받아 1996년에 개교를 하였다. 이후 2002년에 자립형사립고로 전환하였다. 학생들은 기숙사생활을 하도록 하고 있고, 주말에 귀가하고 일요일 저녁에 귀교하는 생활 규정을 정하여 운영하고 있다.

민족정신으로 무장한 글로벌 지도자 양성

2학년 민 군은 요즘 국궁의 재미에 푹 빠져 있다. 국궁은 우리나라 전통 활쏘기 무예이다. 민 군이 처음 국궁을 접하던 1학년 때는 엄지손가락이 성할 날이 없었다. 국궁은 양궁과 달리 활이 강하고 당기기도 더 힘들어서 처음엔 활을 당기는 연습만 했다. 처음엔 엄지를 제외한 네 손가락으로 활을 당기다가 나중에는 엄지만으로 활을 당기게 되다 보니 엄지에 무리가 올 수밖에 없었다. 하지만 민 군은 학습 스트레스를 없애는데 국궁만한 것도 없다고 자랑이 대단하다.

"한마디로 활쏘기는 청량감 그 자체죠. 활을 최대한 당기고 과녁에 집중을 하다가 사대를 향해 시원하게 활을 날리고 나면 속이 다 후련합니다."

국궁 시간에는 활 쏘는 기술만 배우는 것이 아니라 국궁의 역사와 예의를 배우기도 한다. 민사고 국궁장은 하늘이 시원하게 트여 있고 주변이 산과 갈대밭으로 둘러싸여 있어 풍광도 빼어나다. 온 학교가 한눈에 내려다보이니 어느새 민 군이 가장 좋아하는 장소가 되었다.

민사고에는 다양한 민족기예를 익히는 배움터가 교정 곳곳에 놓여 있다. 국궁뿐 아니라 거문고, 판소리를 익히고 다도와 예절을 익히는 강의장이 곳곳에 있다. 바로 민사고의 교육철학인 '민족주체성 교육'을 실현하기 위한 공간들인 것이다.

민사고의 교육철학은 학교 설립이념인 '민족정신으로 무장한 세계적 지도자 양성'으로 대변될 수 있다. 민사고는 설립자 최명재 이사장이 피땀을 흘려 평생 모은 사재를 쾌척하고 기업을 희생하면서 일구어낸 학교이다. 최명재 이사장의 젊음과 정력과 재산을 투입한 결과다. 또한 이돈희 전 교육부 장관과 윤정일 현 교장으로 이어지는 훌륭한 학교경영자들의 피땀 어린 노력도 한몫 단단히 했다.

이제 민사고는 민족의 미래 지도자들을 양성하는 요람으로 자리매김하고 있다. 이러한 평가와 명성을 바탕으로, 미래의 민족 및 세계적 지도자를 꿈꾸는 영재들이 그들의 꿈을 마음껏 펼칠 수 있도록 준비하고 지원하는 교육의 장이 되기를 기대하고 있다.

영재를 꽃피우는 미래 지도자 육성 교육

민사고는 '출세하기 위한 공부를 하지 말고 학문을 위한 교육을 해 내일의 밝은 조국을 일궈갈 동량이 되자.'는 교훈에서도 드러나듯이 민족지도자 양성에 중점을 두고 학생들을 교육하고 있다. 이는 곧 출세를 위한 진로를 택하지 말고 소질과 적성에 맞는 진로를 택하자는 것이며, 이것이 학생들의 진정한 행복을 위하는 길이고 내일의 밝은 조국을 일구는 길이라는 게 민사고의 교육 방침인 것이다.

학교의 교표인 '촛불'도 이러한 민사고의 교훈을 뒷받침한다. 개인의 영달이 아닌, 국가에 봉사하여 조국을 밝게 할 의무가 주어져 있다는 것을 명심하자는 뜻이다.

민사고의 정문 좌·우측에는 충무공 이순신 장군과 다산 정약용 선생의 동상이 세워져 있다.

충무공 이순신은 일본의 침략으로부터 나라와 백성의 위기를 구한 위대한 장군이다. 민사고에서는 충무공의 사심 없는 충성심과 숭고한 인격, 위대한 통솔력을 우리 민족이 나아가야 할 리더십의 전형으로 정해 이순신 장군을 학교의 표상으로 삼고 있다. 실사구시와 애민정신을 바탕으로 다음 시대를 위한 창조적이며 새로운 세계관을 제시한 위대한 사상가 정약용 선생 또한 민사고의 위대한 표상으로 삼았다. 민사고에서는 이처럼 충무공 이순신 장군과 다산 정약용 선생을 정신적 사표로 제시하고 학생들로 하여금 그분들의 위대한 얼과 사상을 계승하도록 교육하고 있다.

민족사관고만의 특별한 교육 방침은 민사고 교육 현장에 잘 나와 있다. 우선 민사고의 설립목적에서 '전국의 뛰어난 영재를 모아 민족혼을 되살리고 미래의 조국을 지키고 이끌어갈 각계각층의 지도자를 육성한다.'고 설립 이유를 분명히 했다.

이러한 설립 이유를 실현할 수 있는 교육 목표로 민사고는 민족 주체성 교육과 영재 교육을 들고 있다.

① 민족주체성 교육

민사고는 이순신 장군과 정약용 선생의 정신을 계승하고 민족의식을 함양하여 민족문화를 체득하는 교육을 실천한다. 이에 두 민족지도자의 정신을 배우기 위해 관련 유적지, 격전지, 박물관, 국토순례 등의 현장학습으로 역사의식과 통일의식을 고취하는 교육을 통해 민족주체성 교육을 실현하려는 것이다.

또한 민사고는 전통적 가치를 계승하고 발전시킨다는 차원에서 효심 함양 교육과 전통 예절 교육을 생활화한다. 전통문화 체득을 위해 민족교육관에서 전통문화를 배운다. 성년례 체험을 통하여 성인이 되는 전통적인 통과 의례를 실습하고 그 의미를 배우며, 선조의 얼과 문화적 정수를 섭렵하도록 한다. 전통음악(사물놀이, 가야금, 대금, 민요)과 국궁을 필수로 이수하며, 전통무예로 심신 수련을 한다. 예전 학생들은 두루마기를 입고 독특한 교모를 썼지만 요사이는 예쁜 한복을 입고 다닌다. 학생들이 교내를 지나가다가 누구를 만나든지 항상 인사를 하는 모습이 인상적이다.

민사고는 각계각층의 지도자 양성이라는 교육 목표에 부합하는 인재를 육성하기 위하여, 졸업하기 전까지 모든 학생들로 하여금 민족정신을 지닌 창조적인 글로벌 리더가 갖추어야 할 6개 분야의 능력을 갖추도록 하고 있다. 국제화 사회에서 필요한 외국어(영어, 중국어, 독일어, 프랑스어, 스페인어 등) 구사, 한자 및 동서양 고전 이해, 신체 단련과 동시에 자신의 마음을 수양케 하는 심신 수련, 한국인으로서의 혼과 전통을 잇고 세계무대에 우뚝 서기 위한 학술 및 예술의 구현, 자기보다는 이웃과 남을 배려하고 인류에 헌신하는 정신을 연마하는 봉사 활동, 그리고 인격과 지식을 기를 수 있는 독서 등의 총 6가지의 분야에서 학생들이 입학 후 졸업 때까지 일정 수준의 전문인 자격을 갖추도록 교육하고 있다.

② 영재 교육

민사고는 다른 사람들을 위해 사회에 봉사하는 삶을 살 때 영재의 의미가 성립하는 것으로 보고, '자신만을 위해 사는 것이 아니라 사회적으로 유익한 일을 하는 영재로 키우는 것'을 핵심적인 교육 목표이자 주요 내용으로 삼고 있다.

이를 위해 민사고가 최우선적으로 중점을 두는 정책은 최적의 학습 기회를 부여하는 것이다. 모든 학생들은 최적의 학습 환경 속에서 교육을 받을 기회를 가져야 한다. 특수한 상황에 처해 있는 학생들에게도 최적의 학습 환경을 만들어 주어 자신의 능력을 계발하게 해야 하고, 특수 분야에서 우수한 능력을 보여주는 영재들에게도 그들의 학습 욕구를 만족시켜 줄 수 있는 교육 환경이 요청된다. 학생 개개인의 능력을 극대화하기 위한 최적의 학습기회를 부여하기 위해 공을 들이는 이유다.

또한 민사고에서는 학생들을 국가와 사회의 핵심 자원으로 육성하고자 한다. 영재들은 지식기반사회를 주도하는 데 필요한 새로운 지식과 정보를 창출하여 국익에 이바지할 가능성이 대단히 높은 학생들이다. 이들의 성취는 개인의 명예로 끝나는 것이 아니라 국력을 극대화하는 데 큰 기여를 하게 되므로 이들을 미래 국가와 사회의 핵심 자원으로 육성한다.

영재 교육 방법으로는 개발형 교육과정인 능력과 적성에 따른 계열·학년 교육과정(과목) 선택, 기초·일반·심화교과(사회·과학·외국어·국제)·대학교과 선택 학습, 과학 영재 교육, AP(Advanced Placement: 대학과정 조기

이수), 개별 탐구학습(심화/보충/관심영역/시사 등 개별 선택 학습), 토론 및 독서 교육의 생활화, 3-Step Education, 민족 6품제: 졸업인증제(독서·심신 수련·외국어·학술/예술·봉사·고전) 실시, 계절학기 운영 등을 들 수 있다.

학생을 위한, 학생들이 만들어가는 자치 교육

신입생들로 북적이는 민사고의 3월은 까까머리 신입생들의 동아리 가입 열기로 후끈 달아오른다. 신입생들의 주요 관심사는 뭐니 뭐니 해도 동아리 가입이다. 엘리베이터 앞에 붙어 있는 동아리 포스터들을 보며 "동아리 뭐 있냐?" "어떤 동아리 지원할까?" 하며 친구들과 함께 고민하고 이야기를 나누는 신입생들을 쉽게 마주치게 된다.

2학년 최 양이 기억하는 신입생 때의 동아리 가입은 한 편의 아름다운 성장 드라마이다.

" '15기 최○○ RF(Rhyme Factory) 지원하겠습니다!'라고 문자를 보내고 선배님 자리에 지원서를 놓고 나올 때, 그 떨림! 아직도 잊을 수가 없습니다. 제가 지원한 동아리는 하필 합격 발표를 늦게 해서 한동안 내가 無동(동아리 없는 경우)인 줄 알고 친구들에게 매일 "나 어떡해. 나중에 추가 지원할까 봐." 라고 하소연하며 걱정이 이만저만이 아니었죠. 그런데 다행히도 원하던 동아리에 합격했습니다. 그후 RF는 제 고단한 학교생활에 활력이 되어 준 진짜 친구 같은 동아리였습니다."

우리가 알고 있는 민사고와는 사뭇 다른 동아리 가입 풍경이 아닐 수 없다. 공부밖에 모를 것 같은 영재 아이들에게 이처럼 발랄한 동아리 가입 풍경이 있다는 건 여기도 역시 청소년이 생활하는 학교라는 걸 여실히 입증하는 장면이 아닐 수 없다.

민사고는 지도자로서의 품성을 함양하고 자율역량을 최대한 키우기 위해 학생 자치 활동을 강력하게 권하고 있다. 보다 다양한 분야의 활동에 많은 학생들이 참여할 수 있도록 행정적, 경제적 지원을 아끼지 않고 있다. 2014학년도 9월 현재 개설된 동아리 수는 88개(공연 13, 운동 17, 연구 35, 출판 9, 취미 및 기타 14)로 학생들의 자발적 참여에 의해 조직되어 있고 한 학생당 평균 3~4개의 동아리에 가입해 활동을 하고 있다. 또한 동아리 활동 외에 28개의 봉사단체가 따로 구성되어 있어 학생들의 활발한 봉사 활동이 이루어지고 있다. 학생 자치위원회와 명예위원회 조직을 보다 강화하기 위하여 학생회를 삼권 분립의 공화정 체제로 조직하여, 교과 활동 이외의 학생 활동에 대해 학생들이 자치적으로 입법·사법·행정 활동을 할 수 있도록 하고 있다.

이밖에도 학생 자치 활동의 강화를 위해 전인 교육 프로그램 운영 및 다양한 학생 자율 활동 지원, 개별탐구 활동 보장 등을 통해 자율적이고 창조적인 인재로 성장해 나갈 수 있는 발판을 마련해 주고 있다.

학교는 학생들의 정서 발달을 돕고 애로사항과 문제점 등을 해결할 수 있도록 생활지도 전담 교사와 상담 교사를 두어 전인 교육 프로그램을 실행하며 학생들이 사회성 및 리더십을 계발하여 국가와 사회의 지도자적 역량을 갖출 수 있도록 봉사 활동을 적극적으로 지원한다. 또한 학생들의 다양한 기호와 흥미를 끌어내어 보다 폭넓고 심도 있게 자신의 잠재능력을 발견하고 확장시킬 수 있도록 소규모 활동인 각종 클럽 활동이나 창의적 체험 활동을 적극적으로 지원하여 자발적으로 조직하고 운영하고 참여할 수 있게 한다.

개별탐구 활동(IR, Individual Research)은 정규교과에서 개설할 수 없는 다양한 종류의 과정을 개설하여 학생들의 왕성한 지적 호기심을 만족시키며, 장차 학생들의 진로와 관련하여 많은 경험을 쌓을 수 있도록 하기 위함이다. 매주 8시간을 학생 선택에 의한 IR 시간으로 운영함으로써 자기주도적인 학습을 가능하게 하는 동시에 학생 개개인의 다양한 특성을 강화하는 효과를 거두고 있다.

동아리 활동과 전인 교육 프로그램 이외에 윤정일 교장이 민사고의 자랑으로 자신 있게 제시하고 있는 것은 무엇보다 '인사하기'이다. 처음 학교를 방문하는 이들에게 누구에게나 깍듯이 예의 바르게 인사하는 모습을 보면, 예절 교육이 몸에 배어 있다는 것을 느낄 수가 있다. 이러한 예절 바른 습관은 부모님께 아침에 인사하기로 연결되고 있다.

윤정일 교장이 가장 강조하는 것 중의 하나는 건강이다. 이러한 의미에서 지·덕·체가 아니라 체·덕·지를 강조하고 있다. 체육 활동을 통해 건강한 몸과 마음을 성숙, 성장시키는 일에도 힘쓰고 있는 이유다. 그래서 전 교직원이 '심폐소생술'을 마스터하고 있을 뿐 아니라 '민족사관체육고등학교'라는 말이 나올 정도이다.

또한 학부모들로 구성된 '민사고 사랑회'에서 1년에 1회 합창단 행사를 가진다. 학부모 등 참석 인사가 많아 이들을 수용할 수 있는 모임 장소를 물색하기 힘들 정도이다.

자유롭고 독창적인 민사고 교육

민사고는 자율형 사립고등학교에 부여된 교육과정 운영의 자율성을 최대한 활용하여 학생들의 교과 선택의 폭을 보통교과, 교양교과, 심화교과, 대학 수준의 교과까지 확대하여 운영하고 있다. 또한 국내 대학 진학과 해외 대학 진학을 원하는 학생들을 위한 교육과정을 동시에 운영함으로써 자신의 진학과 진로 목표에 따라 다양한 선택이 가능하도록 하고 있다.

신입생에게 민사고의 만만찮은 학교생활은 눈앞에 던져진 수강신청 종이를 접하면서부터 시작된다. 수강신청 양식을 이해하는 것부터 학생들에게는 고민이다. 무엇보다 과목은 뭐부터 선택해야 할지 난감하다. 수강신청을 하면서 얻은 신선한 충격에 대해 2학년 김 군은 이렇게 말했다.

"수강신청을 처음 접했을 때의 낯섦이 지금도 생생하게 기억납니다. 무엇보다 수강신청 용지에 나온 과목 수가 너무 많을 뿐만 아니라 이 과목을 선택한 후의 결과는 모두 내 책임이라는 생각 때문에 쉽게 결정을 못 내리겠더라고요. 앞으로 내가 어떤 분야의 공부를 하고 싶은지를 정해놓고 여기에 맞춰서 3년 과정을 설계해야 하니까, 전체적인 학습 계획에 따라 어떤 과목을 골라야 할지 무척 고민이 됐습니다. 물론 심사숙고 끝에 공부할 과목을 선택하는 과정에서 각각의 과목에 대해서 알게 되고, 내가 직접 신중하게 고른 과목이다 보니 그 과목에 대한 애착도 남달랐던 것 같습니다. 수강신청을 하며 스스로 결정을 내리는 능력을 기를 수 있었고, 제가 공부해 나갈 방향을 직접 설계하다 보니 제 꿈을 더욱 견고히 다질 수 있어서 좋았습니다. 한마디로 제가 할 공부와 장래에 대해 보다 구체적인 실현 방향과 제 나름의 마스터플랜을 정할 수 있는 귀중한 시간이었습니다."

폭 넓고 깊은 탐구학습을 하는 심화과정 수업

민사고의 수강신청은 1년에 3번, 매 학기 초에 한다. 학기마다 한 번 하는데, 1년에 2번이 아닌 3번인 이유는 민사고의 독특한 학기제도 때문이다.

민사고의 연간 교육과정은 3학기제(1학기-여름학기-2학기)로 운영한다. 정규 학기 중에 수행하기 어려운 현장체험의 기회를 가지게 하며 학점 이수나 보충학습의 기회도 제공해주는 여름학기(Summer Session)를 개설한다.

여름학기는 기말고사가 끝난 6월 말부터 시작해 방학 전까지 약 3주 동안 이어진다. 여름학기에는 수업이 평소와는 조금 다른 방식으로 진행된다. 4단위를 필수적으로 들어야 하지만 나머지 시간은 자유롭게 쓸 수 있다. 대신, 선택한 수업은 3주 동안 매일 듣게 된다. 여름학기의 운영방식 덕분에, 학생들은 여름학기 동안 자신이 듣고 싶었던 과목이나 취약한 과목을 매일 일정한 시간씩 들으면서 집중적으로 공부하기도 하고, 그 후 남는 시간에는 그동안 바빠서 하지 못했던 일들을 하며 여유를 즐기기도 한다.

민사고는 학기당 이수 학점의 폭에 융통성을 부여하고, 조기 졸업을 희망하는 학생들에게는 조기 졸업이 가능하도록 계절학기를 개설한다. 학년 간 구분을 없애고, 학생 스스로가 정한 교육과정 운영 기본원칙에 따라 학습계획을 세워 나가도록 하는 개방형 교육과정을 운영한다.

또한 민사고는 자신의 적성, 진로 및 관심에 따라 원하는 과목을 선택하여 수강할 수 있는 통합 교육과정을 운영하고 있다. 대학에서는 입학 시 학업 성적뿐만 아니라 봉사 활동이나 클럽 활동, 인성, 품성, 수상 실적 등 학생의 다양한 능력을 사정(査定)하기 때문에 이에 부족함이 없도록 연주 활동, 체육 활동, 자치 활동, 봉사 활동 등 다양한 활동 기회를 제공한다.

독창적인 영재 교육을 위한 특별한 프로그램

민사고에 입학한 신입생들이 가장 놀라는 것은 학생들이 원하는 방식대로 얼마든지 들을 수 있는 다양한 수업 프로그램이다. 한마디로 수업에 '자유분방함'을 불어넣기 위해 과목마다 학생들의 선택을 기다리는 디테일한 프로그램들이 기다리고 있다.

2학년 최 군은 민사고의 자유분방한 수업 방식에 대해서 입에 침이 마르도록 자랑한다.

"지난 1학기에 이어 이번 학기에도 듣고 있는 AP 미국정치 수업은 학생들이 자신에게 주어진 수업 범위를 공부한 뒤 발표 자료를 만들어 다른 친구들 앞에서 발표하는 방식으로 진행된다. 수업의 이름 그대로 미국의 정치 형태와 한국의 정치 형태를 비교해보기도 하고, 단순히 미국뿐만이 아니라 세계 곳곳에서 보이는 보편적인 정치 현상에 대해 비판적인 시각을 제시해 토론을 유도하기도 한다. 선생님께서는 발표 학생이 잘못 이해한 부분을 다시 설명하시기도 하고, 심화된 내용을 알려 주기도 하신다. 또 책에 나와 있는 이론적인 부분들을 현실 정치 세계에 대입시켜 설명하고 비판적 시각을 제시하는 등 학생의 발표를 더 풍부하게 만들어주신다. 나는 이러한 수업을 통해 여러 가지 정치 과정에 대한 주체적인 시각을 갖춰갈 수 있었다."

민사고가 우수한 학생들의 영재성을 더욱 발전시키기 위해 운영하고 있는 기본적인 교육 방침은 학생 스스로 정한 교육과정 운영 기본원칙에 따라 학습계획을 세워 나가도록 하는 개방형 교육과정이다. 학년 간, 계열 간 구분을 없애고, 학생 개개인의 적성과 능력에 따라 자신만의 교육과정을 설계하고 그에 따라 자신의 능력을 최대로 구현할 수 있게 하고 있다. 또한 학생의 학문적 수요와 요청에 따라서 새로운 교과목이 개설될 수 있도록 했다. 자연계열의 성향을 보이는 학생들이 인문 심화과목을 들을 수 있고, 인문 성향의 학생들이 자연과학계열의 심화과목을 들을 수 있다. 이를 통해 학교는 학생들의 우수한 자질을 더욱 계발시키고 학생 스스로 자신의 능력을 최대한 구현할 수 있도록, 학사과정을 철저히 학생 개개인의 성취능력에 맞춰 프로그램을 운영하고 있다.

이밖에도 민사고의 독창적 영재 교육 프로그램으로는 필수·선택 과목의 수준별 운영, 심화 중심의 교육과정 운영, 영어상용정책(EOP, English Only Policy), 3단계 교육법(3-Step Education) 등을 들 수 있다.

이중 대표적인 영재 교육 프로그램인 영어상용정책과 3단계 학습법에 대해 살펴보면 다음과 같다.

영어상용정책(EOP)은 일반적인 개념의 English Zone과는 달리 교내 전 구역에서 영어상용을 요구하고 있다는 점에서 타 학교의 정책과는 다른 차별성을 가지고 있다. 영어상용정책을 추진하는 목적은 도구로써의 영어를 습득하는데 있다고 하기 보다는 '앞서 간 선진문명, 문화를 한국화하여 받아들여' 조국을 최선진국의 반열에 올려놓아야 한다는 소명의식을 미래의 지도자가 될 학생들에게 심어주는 데 있다. 현재 민사고에서는 일상생활에서의 EOP를 실현하고 있으며, 수업에서의 EOP는 다음의 단계별 운영 전략에 맞추어 진행하고 있다.

3단계 교육법(3-Step Education)은 강의학습(Teaching/Lecture), 토론학습(Discusdesion/Debate) 그리고 개별지도받기(Writing/Tutoring) 과정을 말한다. 교사의 자세한 설명을 들으며 기본학습을 하고, 학습 내용을 중심으로 토론의 과정을 통해 창의적 사고방식과 비판의식을 함양하며 배운 내용을 심화시키고, 개별 시사학습을 통하여 깊이 있는 학문적 접근을 가능하게 하는 방법이다.

글로벌 민족 교육을 책임지는 최고의 교원진

교사들이 모두 퇴근했을 시간인 평일 저녁 10시에도 민사고 교무실은 학생들 상담으로 북적거린다. 시험이 끝나면 교정 곳곳에 선생님과 학생들이 삼삼오오 모여 시험지를 놓고 한바탕 토론이 벌어지기도 한다. 민사고 선생님들의 학생에 대한 애정은 타교와 비교할 수 없을 정도다. 민사고의 생활기록부는 양과 질에서 훌륭한 학생연구서이다. 학생들을 세심하게 살피고 꼼꼼하게 기록하기 때문이다. 이는 국내 최고의 교원진으로 구성된 민사고만의 특별한 교육열에서 비롯된다.

1학년 부장선생님은 "민사고 선생님들은 3학년보다 1학년 지도에 더 신경 쓰고 있습니다."라고 강조한다. "원래 우수한 학생들에게 민사고 오길 잘했다고 할 만큼 양질의 수업을 제공하려면 선생님 스스로 최선의 노력과 훌륭한 인품을 겸비해야 합니다. 그래야 모두가 바라는 훌륭한 성과를 거둘 수 있을 테니까요."

민사고 선생님만의 고민이 엿보이는 부장선생님의 한마디이다. 민사고에는 우수한 학교에서 흔히 있는 경쟁으로 과열된 분위기가 없다. 쉬는 시간이면 모르는 문제를 친구들에게 물어보는 풍경이 자연스럽게 펼쳐지고, 학생들끼리 필기를 보여주거나 요점 정리를 기꺼이 공유한다. 이런 면학 풍토 조성도 실력과 인품을 두루 갖춘 훌륭한 선생님들이 만든 민사고만의 분위기이다.

민족 6품제를 가능하게 하는 최고의 교사들

민사고의 학생과 교사 구성 비율은 현재 약 6.5:1로 영국의 이튼 스쿨(Eaton School)이나 미국의 필립스 아카데미(Phillips Academy) 등 외국의 유명 사립 고등학교보다도 우수한 것으로 알려져 있다. 한 반은 15명 이내로 이루어져 있어서 전술한 바와 같이 3단계 교육법(3-Step Education)이 가능하다. 최상의 학습 환경을 유지하는 일은 물론이고 학사지도 선생님(Academic Advisor)이 반 학생들의 학업과 관련된 일들을 전담하는 진보된 학사 업무 시스템을 운용하고 있다. 졸업인증제로서 민족 6품제 실시도 사실 선생님들의 경험과 지식, 기술을 바탕으로 이루어진 산물이라 하지 않을 수 없다.

선생님들 중 상당수가 박사학위를 취득한 각 분야의 전문가들이고 다양한 교육 연구 경험을 지니고 있다.

학생 중심의 교육을 실천할 수 있도록 매 학년 초 학생들이 자신의 지도교사를 선택하도록 한다. 학생들이 교사를 선택하기 때문에 교사들로 하여금 끊임없이 수업 준비와 연구에 몰두하도록 자극한다.

교사들은 대체로 석사학위 이상을 소지하고 있고, 보수는 일반학교의 1.5배 정도 받는 것으로 알려져 있다. 교사들은 대부분 영어를 자유롭게 구사하고 있고, 외국인 교사도 여러 교과에 걸쳐 10여 명이 함께하고 있다.

학생 중심의 교육을 실천할 수 있는 지도교사제

민사고의 교사들은 남다른 어려움과 보람을 함께 가지고 있다. 수업을 영어로 진행하는 것이 쉽지 않지만, 매일의 수업에 헌신적으로 임하기 때문에 선생님들의 열정과 교육 방법, 학생지도 방식은 최고 수준이다. 맹자가 군자삼락(君子三樂)으로 꼽은 것처럼 "천하의 영재를 기르는 것이 큰 즐거움"임을 체험하고 있다. 교사들은 일반 학교와 달리 자유로운 분위기에서 수업을 진행할 수 있다는 데에 가장 큰 만족을 느낀다.

또 하나, 교사들은 모든 행정 업무로부터 벗어나 연구하고 가르치는 데 시간을 많이 투자할 수 있다는 것에 상당히 만족하고 있다. 행정 업무의 양이 다른 학교보다 더 많지 않을 리 없지만 학교 행정 조직을 효율적으로 운영함으로써 교사들이 교수·학습 활동과 학생지도, 그리고 연구에 전념할 수 있도록 지원하고 있다.

이돈희 전임 교장의 표현을 빌리자면, 민사고를 국가적 수준의 영재 교육기관으로 키우려는 설립자 최명재 이사장의 의지는 '독립운동의 연장이었을 뿐 아니라 구국 건설(Nation Building)'의 비장한 각오가 서려 있었다. IMF를 맞아 파스퇴르 유업이 부도에 처해 경영권을 넘기면서도 민사고를 유지, 발전시키려고 많은 애를 썼다. 설립자 최명재 이사장의 천재적인 발상과 불굴의 의지로 설립된 민사고는 현재 한국의 영재들이 모여 교육을 받는 학교로 인식되고 있다.

5.31 교육개혁방안을 마련할 때 자립형 사학을 제안하였던 이돈희 교장이 학교를 더욱 발전시켰다. 이돈희 전임 교장은 3무(三無)학교 즉, 무감독 시험, 무계열, 무학년제 등 새로운 혁신 선도 노력을 기울였다. 이돈희 교장에 이어, 서울대학교 교수를 퇴임하자마자 민사고 교장으로 취임한 윤정일 교장 또한 민사고를 세계적인 명문학교들의 모임인 G20에 들도록 전문성과 창의성, 열정과 아이디어를 총동원한 분이다.

이제 민사고는 명품교육의 대명사가 되었고 대한민국 학부모 모두가 선망하는 학교가 되었다. 교원 1인당 학생 수, 교원의 질적 수준, 각종 국제 올림피아드에서의 우수한 성적, 국내외 명문대학 입학률 등에서 타의 추종을 불허하는 명실상부한 명품학교로 자리매김하였다. 그러나 윤정일 교장은 현실에 안주하지 않고 초일류 고등학교로 성장, 발전시키기 위하여 행정이론과 실제적 경험을 살리고 출중한 리더십을 발휘함으로써 민사고를 세계적인 수준의 명품고등학교로 발전시키기 위한 의욕과 포부를 밝히고 있다. 이를 위해 윤 교장은 교육의 수월성 추구, 교육의 국제 경쟁력 제고, 학교경영의 민주화·효율화, 교육여건의 개선에 더욱 역점을 두고 학교경영을 해나가겠다는 의지를 피력했다.

현재 민족사관고등학교의 국내외 대학 진학 현황(1998년~2014년)을 살펴보면 2014년까지 배출한 1,615명의 졸업생 중 약 53%는 서울대학교, 연세대학교, 고려대학교 등 국내 명문 대학으로 진학하였으며, 나머지 47%는 주로 미국의 하버드, 예일, 코넬, 스탠포드 등 아이비 리그(Ivy League) 대학으로 진학하였다.

국제 대회 수상 실적도 눈부실 정도로 빛난다. 1998년 이후 국제 대회 수상 실적은 열거하기 힘들 정도로 많다. 예컨대, 국제 물리 올림피아드, 생물 올림피아드, 수학 올림피아드, 과학기술경진대회, 청소년과학창의대전, 국제환경탐구, 철학, 언어학 올림피아드 등에서 금, 은, 동메달을 획득하는 등 혁혁한 성과를 거두었다. 또한 AP 7개 과목에서 세계 최우수학교로 선정된 바 있다.

신입생 전형 방법

교육의 두 축인 영재 교육과 민족주체성 교육을 성공적으로 수행하기 위해 일반(민족)계열(National Program)과 국제계열(International Program)으로 나누어 신입생을 선발하고 있다. 일반(민족)계열은 다양한 선택교과(일반, 심화, 전문교과, 대학교과)를 제공하여 인문과정(Humanity Class)과 자연과정(Science Class)을 전문·특성화하고 있으며 개인별 심화·보충·타 영역을 공부할 수 있도록 IR(Individual Research, 개별탐구학습) 제도 및 과학 영재 교육(In-depth Class, Research Seminar, R&E)을 실시하고 있다. 또한 무학년·무계열 학점제를 실시하여 학생들의 학업성취능력을 극대화하기 위한 노력을 강화하고 있다.

국제계열에서는 국민공통 기본교과 등 국내에서 요구하는 교과목과 AP 등을 포함한 국제 수준의 다양한 교과를 배우고 있다. 외국 대학에서는 입학 시 학업 성적뿐만 아니라 봉사 활동이나 클럽 활동, 인성, 품성, 수상 실적 등 학생의 다양한 능력을 사정하기 때문에 이에 부족함이 없도록 연주 활동, 체육 활동, 자치 활동, 봉사 활동 등 다양한 활동의 기회를 제공하고 있다.

학생 모집 지역은 전국으로 되어 있고 모집 정원은 11학급 165명 남녀 공학이다. 특례입학대상자와 보훈대상자는 각각 모집 정원의 2%와 3% 범위 내에서 이루어지며 전형방법은 3단계 과정을 거쳐 이루어진다.

학교 시설

민사고는 현재 450명의 재학생들이 학교생활을 하고 있다.(남: 252명, 여: 198명/ 1학년: 156명, 2학년: 146명, 3학년: 148명)

교직원은 116명(교장 1, 부교장 2, 교사 68, 행정실장 1, 교무행정 7, 서무행정 16, 법인 3, 기숙사직원 18)이며 과목별 교사 수는 국어 8, 외국어 15(원어민 4), 수학 10(원어민 1), 사회 11(원어민 1), 과학 15, 예체능 8, 기타 5 등이다. 교사들의 학위는 박사 24, 박사수료 6, 석사 31, 석사수료 3, 학사 3, 전문학사 2 등이다.

민사고는 38만 5천 평의 부지에 교육관과 도서관, 생활교육관, 가정교육관, 교직원용 사택, 민족교육관, 축구장, 야구장, 테니스장, 골프연습장, 풋살경기장, 배구장, 농구장, 족구장, 국궁장, 실내 체육관을 갖추고 있다. 이중 민사고가 자랑하는 교육관은 5명 내외의 학생들이 이동식 수업을 받을 수 있는 교사와 개인별 연구실, 실험실, 전자현미경실, 컴퓨터실, 멀티미디어실, 세미나실, 180석 규모의 소강당 등 최신식 첨단시설로 학생들의 수준 높은 수업을 완벽하게 지원하고 있다.

민족사관고의 내일

이제 민사고는 명품교육의 대명사가 되었고 대한민국 학부모 모두가 선망하는 학교가 되었다. 교원 1인당 학생 수, 교원의 질적 수준, 각종 국제 올림피아드 우수한 성적 입상, 국내외 명문대학 입학률 등에서 타의 추종을 불허한다. 민사고는 앞으로도 교육의 수월성 추구와 교육의 국제 경쟁력 제고, 학교경영의 민주화·효율화, 교육 여건의 개선 등을 학교경영의 우선순위로 둘 것임을 밝히고 있다. 이를 보다 자세히 살펴보면 다음과 같다.

① 교육의 수월성 추구

수월성 추구는 영재 교육 기관인 민사고가 지속적으로 추구해야 할 가치이며 목표라고 할 수 있다. 모든 학생이 자신의 잠재능력을 최대한으로 개발하여 자아를 실현할 수 있도록 새로운 교육 내용과 방법을 부단히 연구·개발한다.

② 교육의 국제경쟁력 제고

글로벌 인재표준(Grobal Standard)에 부합하는 교육 프로그램을 제공하고, 외국 교육기관과의 교류 · 협력을 보다 강화한다.

③ 학교경영의 민주화· 효율화

주요 의사결정에 구성원의 의견을 최대한으로 수렴하여 모두가 만족할 수 있는 경영전략을 추구한다.

④ 교육 여건의 개선

교사의 질적 수준을 향상시킬 수 있는 방안을 모색하고, 교육 시설을 확충하고 현대화하기 위하여 학교재정의 자립 기반을 구축하고, 재정을 효율적으로 운영할 수 있는 방안을 강구한다.

이제 민사고는 훌륭한 능력과 자질을 지닌 한국의 영재들이 모인 학교일 뿐 아니라 세계의 고등학교 G20 반열에 들어간 세계적인 학교로 자리매김을 하고 있다. 그러나 재정 확보의 불확실성을 비롯해서 학생 선발의 지역 편중 문제, 사교육의 진원지로서 사회적 위화감을 조성한다는 비판적인 시각이 없지 않고, 특히 '학비가 비싼 귀족학교'라는 따가운 시선이 없지 않다는 사실을 부인할 수 없다. 그러나 우리나라 학교 교육의 수준을 끌어올리고 선도할 뿐 아니라 '좋은 학교' '효과적인 학교'의 모델로서 세계적인 명품사학의 역할을 수행하기 위한 노력을 가속화해야 할 커다란 과제를 안고 있다.

앞으로 영국의 이튼 스쿨(Eton College), 미국의 필립스 아카데미(Phillips Academy Andover), 초우트 로즈마리 홀(Choate Rosemary Hall) 등 외국의 유수 고등학교와 어깨를 나란히 하며 학생 확보, 교육과정 운영, 생활지도 및 진학지도, 교원 특별 프로그램 개발, 운영 시설 및 설비, 행·재정 등의 측면에서 지속적인 발전이 이루어질 것으로 기대되고 있다.

G-20 High School Conference

G-20 High School Conference는 세계적으로 우수한 고등학교 20여 개 교가 상호간에 교육경험을 공유하고, 가장 우수한 교육 프로그램을 공유하고, 주최국의 문화를 이해하기 위하여 2006년에 창설되었다. 2015년은 10차 대회로서 4월 11일부터 4월 15일까지 영국의 Wellington College, Marlborough College, Stowe School 등에서 공동주최로 개최되었다.

민족사관고등학교의 이모저모

운동회

동아리 활동

도서관에서
공부하는 학생

대한민국의 수학인재 배출을 추구하는 수학영재인들이 모인 곳이다. 국제인을 양성하기 위해 전라북도 전주에 《수학의 정석》 저자(著者)인 홍성대 이사장이 설립하여 1981년에 개교하였다. 타의 추종을 불허할 만큼 쾌적한 교육 환경과 첨단교육 시설을 완비하고 있다. 우리나라 순수 과학발전의 기틀을 마련하기 위해 1998년에 거액의 사재를 출연하여 서울대학교에 1,100평 규모의 초현대식 '상산수리과학관'을 건립, 기증하기도 하였다. 세계적인 석학을 비롯한 훌륭한 교원 초빙에 최선을 다하기로 소문난 학교이며, 2002년에 자립형 사립 남자 고등학교로 운영하다가 2010년부터 자율형 사립고로 전환되었다.

02
상산고등학교

수학 인재 배출을 추구하는
국제인 양성 학교

1970년대 후반에 필자가 한국교육개발원 책임연구원으로 재직할 당시이다. 어떤 젊은 신사 한 분이 연구실을 방문하여 새로운 학교를 설립하겠다는 구상을 말씀하시고 조언을 요청하셨다. 참고서를 집필하여 돈을 좀 모았는데 그 돈으로 명문학교를 만들고 싶다는 것이었다. 그래서 필자는 한국교육개발원은 국가의 교육정책을 연구하는 연구소이지 학교 설립을 관장하는 행정기관이 아니라고 말씀드리면서, 교육부를 방문하여 문의하도록 안내를 해드렸던 기억이 난다. 그분이 바로《수학의 정석》으로 유명한 상산고 설립자 홍성대 이사장이다.

홍성대 이사장은 1980년 학교법인 상산학원을 설립하고 1981년 전주에 상산고등학교를 개교하였다. 그리고 30여 년 동안 쾌적한 교육 시설을 확충하여 아늑한 분위기에서 학생이 학업에 열중할 수 있는 여건

조성을 위한 노력을 지속해 왔다. 뿐만 아니라 특색 있는 교육 프로그램 운영과 우수학생 유치를 비롯해서 훌륭한 선생님들을 초빙하여 명품학교의 반열에 올려놓기 위해 심혈을 기울여왔다.

자립형 사학인 상산고등학교의 아름다운 성장은 벌써 30여 년이 넘어가고 있다. 이제 우리나라뿐 아니라 세계적으로도 알려진 명문학교로 발돋움하고 있는 상산고등학교의 국제적 위상을 확인할 때마다, 필자는 명문학교 건립을 위해 의미 있는 육영사업의 벽돌을 하나 둘 쌓아 올려갔던 상산고등학교 교육 담당자들의 소중한 땀방울이 결코 헛되지 않았음을 생각해보게 된다.

또한 홍성대 이사장을 비롯한 선생님들과의 허심탄회한 대화를 통해, 상산고의 육영 의지와 사학의 발전을 위한 뜨거운 열정이 결코 식지 않았음을 확인할 수 있었다. 흔들림 없이 일관성을 가지고 상산고등학교를 세계적인 수학 명문학교로 발전시키려는 의지와 열정이 느껴졌다.

지성, 덕성, 야성이 조화된 겨레의 전통을 빛낼 지도자 양성

상산고는 선후배 간의 위계질서가 확실한 것으로 유명한 학교이다. 대표적인 전통이 바로 선배에게 깍듯이 인사하는 것이다. 1, 2학년은 3학년과 함께 엘리베이터도 못 탄다. 엘리베이터를 기다리다가도 3학년이 나타나면 1, 2학년은 계단을 이용해야 한다.

상산고는 인성이 된 학생을 양성하기 위해 선후배 간에 예의를 갖추게 하고, 이를 바탕으로 진정한 선후배의 정을 나누도록 한다. 상산고의 멘토·멘티 제도는 선후배 간의 아름다운 전통으로 상산고 학생들의 중추적인 생활로 굳어졌다. 재학생들은 졸업한 선배에게까지 조언을 구하며 동아리 활동이나 학교생활, 학습법 등에 관해 폭넓은 조언과 지도를 받고 있다.

상산고 입학관리부장 선생님은 상산고의 인재상에 대해 딱 잘라 "공부만 잘하는 학생은 필요 없습니다. 바른 인성을 가진 학생을 원합니다."라고 말한다. 상산고의 인재상은 도덕성을 갖춘 사람이다. 중학교 내내 전교 1등을 했더라도 인성에 문제가 있다고 판단하면 불합격시킨다. IQ 200짜리가 질이 나쁜 악인이라면 보통 사람보다 사회에 더 큰 피해를 줄 수 있다는 생각에서이다.

상산고등학교 교육철학의 핵심은 바로 '상산인의 헌장'에 오롯이 담겨 있다. 헌장의 주요 내용을 살펴보면 다음과 같다.

상산의 동산에서 가꾸어진 꿈이 여물었을 때 뒷사람은 그것을 역사라고 일컬을 것이다. 상산인은 보다 높은 내일을 향해 보람찬 오늘을 살고 무한한 잠재력의 축적을 위해 순간을 불태운다. 내가 몸담은 터전을 영화롭게 하며 겨레의 전통을 빛낼 소명이 나에게 있다. 나는 이 소명을 세계와 인류로 확산할 책임을 자각한다. 남을 이끌 자는 먼저 자신을 다스린다. 나는 항상 스스로를 돌아보아 몸가짐을 가다듬고 마음을 활짝 열어 만상을 포용한다. 그리고 나날의 삶이 언제나 새롭기를 기약한다. 진실이 아닌 물은 마시지 않고, 선하지 않은 과일은 탐내지 않으며, 인정이 담기지 않은 음식은 권하지 않는다. 몸은 푸른 산의 강건과 맑은 물의 유연을 조화롭게 따르되, 심성은 아침 이슬의 순결과 가을 하늘의 겸허를 본받는다.

상산인의 헌장에 따른 지성, 덕성, 야성이 조화된 사회 각 분야의 지도자 양성을 목적으로, 상산고는 웅대한 포부와 진취적 기상을 기르고, 민주시민의 자질과 문화민족의 긍지를 기르며, 탐구적 정신과 합리적 생활관을 기르고, 너그러운 도량과 따뜻한 인간애를 기르며, 강인한 체력과 굳건한 의지를 기르는 5가지 교육 목표를 실현하기 위해 다양한 전인교육을 시행하고 있다.

이러한 지도자적 인성을 기르기 위해 상산고는 무엇보다도 교육의 기초를 튼튼히 하기 위해 수학, 영어, 고전 독파, 컴퓨터 활용 등 후속 학습과 실생활에 활용도가 높은 기초학력 분야에 집중적인 교육 프로그램을 제공하고자 노력하고 있다. 또한 국가 교육과정이 요구하는 제반 기준을 부합시키는 정도를 월등히 초월하여 학생의 필요에 맞는 다양한 교과와 특별활동, 1인1기(一人一技) 개발 활동을 전개하고 있다.

수학과 기초과학을 탄탄히 다지는 이공계 중심 교육

학부모들 사이에서 '의대를 가고 싶으면 상산고에 가라'는 말이 회자되고 있을 정도다. 하지만 정작 학교 측은 이런 상황이 반갑지 않다. 그

건 바로 상산고 설립취지인 '기초과학이나 공학계열에 진학해 새로운 기술 개발에 앞장서는 지도자를 양성'하는 길과는 거리가 멀기 때문이다. 한마디로 상산고가 기르고자 하는 인재는 아인슈타인이나 에디슨 같은 한국형 기초과학인재다. 물론 현재 상산고엔 의대를 가고 싶은 학생이 몰리는 게 현실이지만 학교 측은 다양한 분야의 명사들을 초청해 여는 특강을 통해 의사 외에 다른 길이 있다는 걸 알리는 노력을 게을리하지 않고 있다. 학교가 특별히 신경을 쓰는 명사 특강에는 서울대학교 생물학과 김빛내리 교수나 연세대학교 천문우주학과 이석영 교수 등 기초과학 계열의 저명인사가 학생들을 위해서 '기초과학의 우수성'을 강조하는 강연을 많이 했다.

상산고는 위의 건학이념과 교육 목표를 달성하기 위하여 차별성 있는 교육 방침을 정해 상산고만의 특별한 교육 방침으로 삼고 있다. 이를 보다 구체적으로 살펴보면 학생과 교사가 만드는 질 높은 수업 운영과 미래 지도자의 기초역량을 갖춘 핵심 교과목 지원이 중점적인 지원 방침이다.

과외 학습의 필요를 느끼지 않고 학생 각자의 적성에 따라 최고 수준의 학습효과를 낼 수 있게끔 각과 교사들이 국내 최고의 수업을 전개한다. 이를 위해, 가장 우수한 자립형 사립고 교사로서의 자부심과 긍지를 가진 교사들이 최고 수준의 수업을 위한 연구에 매진하고 있으며, 학교는 학생 개개인의 학습을 최대한 지원하고자 노력하고 있다.

미래 지도자의 기초역량을 갖출 수 있는 핵심 교과목 지원

상산고 수업의 백미는 뭐니 뭐니 해도 '수리 논·구술 대비에 최적인 '고급수학 수업'이다. 서울대학교에 합격한 3학년 김 군은 "서울대학교 수시 자기소개서에 고급수학에서 배운 심도 있는 내용을 적었다."며 "선택 과목을 수강했다는 점에서 수학에 대한 관심과 열정을 강조할 수 있었다."고 말했다.

상산고 교감선생님은 "고급수학, 과학뿐 아니라 논술 전형을 대비하려는 학생을 위해 '토요 논술 특강'도 개설하고 있다."고 말했다.

상산고만의 특별한 수리 수업은 국내에서 가장 수학을 잘하는 학생들을 키워내고 있다. 수학 교육은 상산고등학교 창립을 가능하게 한 학교의 정신적 자산이며, 비교우위를 가지고 있는 분야이다. 수학은 거의 모든 학문에서 매우 중요한 기초가 아닐 수 없다. 이과계열은 물론 인문사회계열의 경우에도 수학을 보다 많이 공부하도록 지원하는 등 수학 교육에 관한 한 상산고등학교의 우월성을 결코 다른 학교에 양보하지 않으려는 자부심과 의욕에 차 있다.

이러한 목표를 실행하기 위한 구체적인 실천항목은 다음과 같다.

① 졸업생은 생활 영어회화 능력을 갖춘다. 영어 과목의 강의는 영어로 진행하며, 영어로 수업하는 과목의 비중을 확대해 나간다. 영어로만 의사소통할 수 있는 교내 특별 구역을 운영하고 있다.

② 3년 재학 중 세계를 움직인 고전을 적어도 100권 독파하도록 한다.

③ 학생들은 그들의 향후 학습에 도움이 되는 컴퓨터 활용능력을 충분히 갖추게 된다. 각종 문서작성 능력, 정보검색 · 저장 · 가공 능력 · 전

자우편 활용능력 등을 갖추게 될 것으로 기대되고 있다.

④ 학생들은 최소한 국기(國技)인 태권도 1단의 실력을 갖추도록 교기(校技)로서 태권도를 연마시킴으로써 학생들을 지도한다.

개인별 능력과 필요에 부합하는 학생 맞춤형 교육

수학을 비롯한 기초과학 수업을 집중적으로 지원하는 상산고지만 다른 교과를 소홀히 하지는 않는다. 그보다는 학생들 개개인의 능력과 요구에 따른 맞춤형 심화수업으로 상대적으로 부족한 타 과목에 대해 학생이 만족할만한 수업을 운영한다. 국어 수업의 새로운 가능성을 보았다는 3학년 이 양의 얘기는 상산고만의 심화학습의 진면목을 보여준다.

"1학년 계절학기 때 수강한 국어재량 수업은 무척 새롭고 즐거운 수업이었습니다. 영화에 특별히 관심이 많았던 저는 영화를 전공하신 선생님께서 몇 편의 영화를 골라주신 후 그 영화에 대해 친구들과 논의하고, 감상문을 써보라고 하셨습니다. 우리는 영화를 다 보고 영화에 대해 다양한 주제로 분석하고 토론을 했습니다. 선생님께서는 저희가 제출한 감상문을 읽으신 뒤 저희들과 공감하면서, 코멘트도 해주시면서 저희들의 관심사항에 대해서 새로운 관점으로 해석하도록 지도하셨습니다. 한마디로 영화로 보는 세상읽기에 대한 안목을 넓혀주신 거죠."

상산고의 교육 프로그램은 철저히 학생들의 인성과 예체능, 개성 신장을 위한 다양한 프로그램으로 구성되어 있다. 이를 크게 나누면 학생 맞춤형 프로그램 제공과 미래 지도자로서의 국제 감각 육성 프로그램, 다양한 동아리 활동으로 나누어 볼 수 있다. 먼저, 학생 맞춤형 프로그램의 구체적인 내용은 다음과 같다.

① 1인 1기 프로그램을 운영한다.

이 교육은 정규 교육과정 이외에 음악, 문학, 예술, 체육 분야에서 학생 개개인이 하나의 특기를 개발하도록 돕는다. 이러한 1인 1기 프로그램은 특별활동으로 제공된다.

② 학생 개인별 자기 주도적 학습(Independent Study) 시간을 갖게 한다.

학교 수업에 매이지 않고 스스로 필요한 학습계획을 세우고 실천하여 자기 주도력을 쌓게 한다.

③ 학과 진도가 빠른 학생들을 위해서 고급·심화과정을 개설한다.

이 고급·심화과정은 대학에 진학하는 경우 유관 학과에서 학점으로 인정받는 것을 전제로 개설된다.

④ 미래지도자로서 리더십 육성과 국제적 감각을 기르는 프로그램을 제공한다.

학생 자치 활동 운영, 학생신문 발행, 타 경쟁 자립형 사립고와의 각종 학술 토론 및 체육경연대회, 지역사회 봉사, 외국 자매학교와의 교환방문 등을 통해 지도자로서의 기초 소양에 필요한 학습경험을 다양하게 쌓게 된다. 또한 외국의 유학생들과 함께 생활하면서 외국의 다양한 문화를 직접 체험하고 경험을 넓히게 된다. 그밖에도 단체 극기 훈련, 골프, 승마, 스키, 수영, 사격과 같은 스포츠에 참가하는 경험을 쌓게 된다.

학생들의 개성 신장을 돕는 다양한 동아리 활동

상산고는 학생들의 개성 신장을 적극적으로 돕는 다양한 동아리 활동으로 유명하다. 자율적이고 지속적인 동아리 활동을 통하여 각자의 취미와 특기를 창의적으로 계발하고 그 결과가 자기주도학습능력 신장, 자아 정체성 확립, 공동체 의식 함양 등으로 이어지고 있다.

학교로부터 승인을 받아 담당교사의 지도 아래 활동하는 동아리는 상산고 교기인 태권도 동아리 싸울아비를 비롯하여 상산 교지편집부, 신문편집부, ACCESS(영문잡지), SBS(방송), YG(연극), 등불(봉사 활동), 미라클(봉사 활동), IF(영화감상), MF(마술), 두레패(사물놀이), 비바체리플(오케스트라), 아셀(기독중창단), 여민락(밴드), 맘모스(농구), 탁구반, 엘리펀트(축구), 뉘누리(문예), 로봇축구부, 미술반, VANK(사이버외교), 호남정맥탐사, 엠네스티(인권동아리) 등이 있다. 이 중 상당수의 동아리들은 개교 초에 결성되어 현재까지 맥을 이어 오면서 학교와 역사를 함께하는 모임들이다.

학생 위주의 자율적 기초학문 향상을 위한 교육

이사장이 한국 최고의 수학 베스트셀러 저자인 학교답게 상산고는 유난히 수학에 강하다. 상산고는 학생들이 특별히 수학에 강한 실력을 갖추도록 하기 위해 학생 스스로 문제를 해결하는 능력을 길러주고 학생 스스로 수학을 즐길 수 있도록 세심한 배려를 하고 있다. 상산고는 A, B, C, D 4레벨로 나눠 수준별 수업을 하는데, 수학 수준별 수업은 입학 첫 학기가 아닌 1학년 2학기부터 한다. 수학 과목만 1학년 1학기에 수준별 수업을 하지 않는 이유는 이 기간에 학생의 잘못된 학습 습관을 고치기 위해서다. 상산고 진학부장선생님은 "신입생 대부분이 유형을 외워서 문제를 해결하는데 익숙해 있다."며 "그런 방식은 사고력을 키울 수 없고 쉽게 한계에 도달한다."고 말했다.

2학년 이 양은 입학 초 선생님에게 모르는 걸 물어봐도 답을 얻을 수 없어 답답했던 기억을 떠올렸다. 선생님은 "이렇게 한번 해봐라."거나 "다르게 생각하라."는 식으로 방향만 제시했기 때문이다. 이 양은 "입학 전에는 문제 풀이에만 집착했기 때문에 문제가 안 풀리면 바로 답을 보거나 학원 강사에게 물어봤다."며 "처음에는 적응이 안 됐다."고 말했다. 한 학기를 보내고 나서야 문제 풀이의 양보다 질이 중요하다는 걸 알게 됐다. 고난도 문제와 매일매일 씨름하는 사이 스스로 풀 수 있는 문제가 늘었고, 어떤 유형이 나와도 해결할 수 있다는 자신감도 생겼다.

상산고는 지성 · 덕성 · 야성이 조화된 지도자를 양성한다. 또한 전인교육 프로그램을 운영해 양서 읽기, 과제연구, 명사 초청특강, 문화체험 활동, 수련 활동 등을 활발하게 시행한다. 이밖에도 교육과정에서 학생 선택 기회 확대, 206단위에서 251단위까지 자유롭게 이수할 수 있는 자율적인 교과 편성, 전문교과 편성, 수준별 이동수업, 교기 태권도 교육, SSEP(상산 자기역량 강화 프로그램)을 통한 자기주도적 탐구학습 역량 강화 등을 현실성 있게 운영한다.

기초학문 실력 향상에 중점을 둔 교과별 최상위 프로그램 운영

상산고는 본교의 특성화 방향과 목표를 실현하기 위해 다양한 교육 프로그램을 운영해 기초학문에 바탕을 둔 실력 있는 인성인을 기르고 있다. 대표적인 특성화 교육 프로그램으로는 최상위 수학 프로그램 운영, 최고의 영어 프로그램 운영, 과제연구 · 양서 읽기 · 논술 특강 정례화, 주요 과목에 대한 교과 특강 상시 운영, 명사 초청 특강 정례화, 자율과 창의가 숨 쉬는 학교풍토 조성 등을 들 수 있다. 이 중 대표적인 교육 프로그램은 다음과 같다.

① 최상위 수학 프로그램 운영

수학과 과학 분야의 전문가를 정기적으로 초청하여 최신 연구동향을 소개하고, 수리논술 특강, 상산 수학경시대회 등을 실시한다. 이밖에도 수준별 이동수업(1학년 2학기, 2학년 자연계열)을 실시하고, 3학년 자연계열 학생들에게 고급수학 강의를 시행한다.

② 최고 영어 프로그램 운영

원어민 교사가 수준별 영어 수업 진행, 국가영어능력시험 적응력 강화, 영어 작문, 문법, 청해, 회화 등 전문교과를 설치하여 운영한다. 또한 1, 2학년 학생을 대상으로 년 2회 TEPS 정기시험 응시를 적극 권장하고, 자체 영어경시대회를 실시하고 있다.

③ 과제연구 · 양서 읽기 · 논술 특강 정례화

논술 교육은 상산고가 자랑하는 프로그램이다. 양서 읽기를 정규 교과과정으로 편성했다. 상산고 1, 2학년 학생이라면 누구나 일주일에 2시간이 수업을 듣는다. 1권의 책을 읽은 후 2주에 걸쳐 4시간 동안 책 내용을 놓고 토론한다. 양 모 교사는 "학생들은 이 과정을 통해 글쓰기 실력을 키우는 것은 물론 나와 다른 생각을 가진 사람과 소통하는 법을 익힌다."고 말했다.

④ 실력 있는 교양인으로 육성하기 위한 명사 초청 특강 정례화

다양한 분야의 국내외 저명인사를 초청해 특강을 실시하고 있다. 상산고에서는 지금까지 필즈상 수상자 에핌 젤마노프(Efim Zelmanov), 노벨 경제학상 수상자 에드워드 프레스콧(Edward Prescott), 정인경 헌법연구관 등 100여 명의 국내외 석학들을 초빙해 특강을 진행해왔다.

실력 있는 교사가 가르치는 최고의 수업 지향

상산고등학교는 전국 방방곡곡에서 모인 인재들의 요람으로 자리매김하고 있다. 이렇게 천하의 영재들을 가르칠 수 있는 훌륭한 선생님들을 계속 초빙하기 위해, 일차적으로 일정 기준에 적합한 대상 후보 교사들을 면접하고 교장, 교감 및 해당교과 교사들이 참관하는 시범 수업을 실시하여 대상자 자질을 검증한다.

상산고 교감선생님은 "학생에게 선택되지 않으면 수업이 폐강되기 때문에 교사들이 쉴 틈 없이 강의 준비에 집중한다. 상산고 학생들은 특화된 교육 시스템으로 약점을 보강하고 심화단계로 나아가기 때문에 좋은 성과를 보이는 것 같다."고 말했다.

이렇게 초빙한 선생님들이 교실에서 역량을 마음껏 발휘토록 하기 위해 상산고는 교사 운영 원칙을 정해 실천하고 있다. 이 중 중요한 운영

원칙은 다음과 같다.

① 현실성 높은 교직원 의사소통시스템

교직원 회의는 월 1~2회 토요일 또는 점심시간에 실시하고, 매주 금요일 보직교사 회의를 실시한다. 또한 교내 메신저 활용을 최대화하며, 전자결재시스템으로 업무를 간소화한다.

② 강의계획서 공개, 서술형 평가 정례화

학기 초 강의계획서 및 평가계획서를 작성, 공개한다. 또한 정기고사 중 1회는 서술형 평가로 공정하고 정밀한 평가를 추구한다. 이밖에 다른 학년 담당 교사가 교차 출제(수학)를 하고, 국어, 영어, 수학 시험을 하루에 시행해 단기간에 암기하는 학습을 지양한다.

③ 교원 연수 강화

신규교사 멘토링을 운영하고, 교원 연수를 촉진(연간 80시간 연수 권장)한다. 그밖에도 자율 장학 활동 활성화와 학기당 1회 공개수업 실시, 각부 및 과별 협의회 활성화, 전체 교직원 연수(동계) 등을 시행한다.

상산고의 오늘과 내일

상산고는 설립자 홍성대 이사장의 평생 숙원사업을 교육적으로 실현하는 데 주안점을 두고 있다. 평생 기초과학 육성에 남다른 관심과 애정을 가지고 교육 현장에서 실현하고자 했던 설립자의 의지가 상산고 현장에 그대로 반영되고 있는 것이다.

상산고등학교의 기초과학 육성 열정은 1998년부터 시작된다. 당시 홍 이사장은 거액의 사재를 출연하여 서울대학교에 1,100평 규모의 초현대식 연구동인 '상산수리과학관'을 건립·기증하였다. 이로써 수학과 이론물리 등 우리나라 순수과학 발전을 위한 기틀을 마련하는 데 큰 도움을 준 것이다.

그는 1992년부터 1999년까지는 사단법인 한국 사립중·고등학교 법인협의회 회장직을 맡아 사학의 자주성 신장과 건전한 사학의 육성 및 발전은 물론 사학의 위상을 높이는 데 헌신하였고, 2000년부터는 동 법인의 명예회장으로 지금도 한국의 사학발전을 위해 헌신적이고 지속적인 봉사를 아끼지 않고 있다.

2011년 4월 27일 개교 30주년 기념사에서 홍 이사장은 상산고등학교를 키워오면서 느낀 감회를 이렇게 피력하고 있다.

"여기서 우리가 걸어온 지난 30년을 회상해 볼 때, 어느 것 하나 감개무량하지 아니한 것이 없습니다. 세계적인 인재의 요람을 만들겠다는 이상을 품은 채 학교의 청사진을 조용히 그려보던 날들이 어제인 듯 생생합니다. 사방에 잡초가 우거졌던 야산에 깃발을 내걸고 첫 삽을 뜨던 날의 흥분, 교사가 하나씩 세워지고 운동장이 닦이고 부속건물들이 하나 둘 갖춰지면서 학교다운 모습이 드러나던 때의 설렘, 공사가 한창 진행되는 가운데 첫 신입생을 맞아 개교하던 날의 감격은 30년의 세월이 흐른 오늘에도 여전히 생생하게 남아 있습니다.(중략)

나는 우리 학교를 개교하면서 '세계 속의 상산'을 만들겠다는 포부 아래, 세 가지 약속을 드린 바 있었습니다. 첫째는 '학문과 거성을 함께 갖춘 선생님들을 모시는 데 있는 힘을 다하겠다'였고, 둘째는 '완벽하고 쾌적한 각종 시설로 최선의 교육 환경을 조성하겠다'였으며, 셋째로는, '신뢰의 바탕 위에 참된 교풍을 세우는 데 모든 정성을 쏟겠다'는 것이었습니다. 세계적인 명문고를 만들기 위해 그 토대를 튼실하게 다지고 우선 한국의 명문사학으로 발돋움시켜야겠다는 강한 의지에서였습니다."

(자료: 상산고등학교 홈페이지)

상산고등학교는 다양한 환경의 우수 학생을 선발하기 위해 힘을 다한다. 박삼옥 교장은, "어렵고 가난한 환경에서 자랐지만 능력 있는 학생을 찾아, 경상북도 울릉도까지 교감과 교사가 출장을 가서 하여 학생을 모집, 선발하기 위해 노력하였다. 탈북 학생 중에서도 우수 학생을 하고 있으며, 그 과정에서 처음에는 성적 수준이 매우 낮았지만 점차 학업성취 수준이 향상되는 것을 보면서 큰 보람을 느꼈다."고 소회를 피력하고 있다.

상산고 졸업생들은 지난 1981년 개교 이래 전국의 우수대학에 진학함으로써 많은 주목을 받아온 것이 사실이다. 지금까지 상산고는 서울대학교, 연·고대, 주요 사립대, 카이스트 등 국내 명문대학에 지난 30여 년 동안 15,000여 명의 인재들을 합격시켰다.

학교 시설

상산고등학교 캠퍼스는 한마디로 '자연이 살아 숨 쉬는 아름다운 캠퍼스'라고 일컬을 만하다.

2만여 평에 달하는 여유 있는 상산의 캠퍼스에는 감, 모과, 은행, 매실 등 각종 유실수와 장미, 모란, 철쭉, 영산홍, 백일홍 등 각종 화초들이 함께 어우러져, 철따라 탐스런 과일들이 풍성하게 열리고 아름다운 꽃들이 연중 만발하고 있다. 온 교정에 띠를 두르고 있는 500여 그루의 소나무들이 빚어내는 운치는 정말 장관이 아닐 수 없다.

숲이 우거진 교정에는 야생 너구리와 청설모 가족을 비롯하여 아름다운 새들이 보금자리를 틀고 깃들어 있으며 교내 연못에 흩어져 있는 비단 잉어 홍백은 마치 물 위에 꽃잎을 뿌려 놓은 듯 아름다운 자태를 뽐내면서 유영하고 있다.

국내 고교 캠퍼스로는 가히 초고교급이라고 할 만큼 상산고는 시설과 환경면에서 타의 추종을 불허하는 쾌적한 교육 환경 및 첨단 교육 시설을 완비하고 있다.

교육 활동에 필요한 편리하고 쾌적한 각종 다양한 교육 시설을 갖추고 있다. 2만여 평의 넓은 부지 위에 본관, 과학관, 도서관, 학생회관, 복지회관, 생활관, 기숙사, 멀티미디어 강의동, 체육관 등 각종 교육 시설을 완비하고 있다.

다양한 장학제도

상산고등학교는 학생들이 마음놓고 학업에 열중할 수 있도록 다양한 장학제도를 운영하는 사학으로도 유명하다. 특히 학생지원을 위한 '상산장학재단'을 빼놓을 수가 없다.

2008년 11월 22일, 재학생과 졸업생을 위한 '재단법인 상산장학재단'이 출범했다. 홍상욱 성지출판(주) 대표이사 사장이 설립한 상산장학재단은 홍성대 상산학원 이사장의 가족과 고교 후배 그리고 졸업생 등의 출연으로 20여 억 원의 기금을 조성하였다. 2009학년도부터 재학생과 졸업생에게 연간 1억 원 정도를 장학금으로 지급한다. 재직교사들에게도 출연금에서 발생하는 이자수익으로 연구활동비를 지원하고 있다.

상산고등학교의 내일

상산고는 지난 2013년 3월, 세계지리학계에서 대한민국의 위상을 높였던 서울대학교 지리학과 박삼옥 명예교수를 학교장으로 초빙하였다. 그는 한국연구재단 인문사회과학 분야 국가 석학으로 선정되어 연구를 수행하고 있다. 설립자 홍성대 이사장의 교육관을 학교 현장에서 더욱 발전시키고 상산고의 위상을 국내외에 더욱 높이기 위한 상산고의 의미 있는 결정이었다.

박삼옥 교장도 앞으로 건학이념에 맞게 국어, 영어, 수학뿐만 아니라 창의적이고 체험적 교육 활동에 주력할 것이고 그동안의 독서 활동이라든지 석학 초청 특강 등을 통해 인성 교육에 주력할 것을 강조하였다. 특히, 자기 역량 강화 노력을 기울일 것임은 물론이고 웅지의 성숙인, 성실한 사회인, 탐구적 지성인, 그리고 합리적 생활인을 기르는데 힘쓸 것이라고 앞으로의 포부를 밝히고 있다. 아울러 토론과 체험학습 등을 통해 자기주도적 학습능력을 함양하는 동시에 주요 선진국의 명문학교와 교류하면서 국제적 시각을 넓혀주기 위한 노력도 기울일 것이라고 말한다. 또한 학교경영과정에서도 교육청 등 관계 당국과의 관계도 원활히 해, 의사소통을 강화하고 합리적인 공감대를 넓혀나가면서 학교를 발전시키겠다는 의욕을 피력하고 있다.

상산고등학교의 이모저모

여름 학교 교정

자기역량강화 활동

동아리 활동

포스코 교육재단에서 운영하며 고 박태준 명예회장이 설립했다. 미래를 선도하는 인재 양성을 위한 노력은 경영에서부터 투철한 국가관과 신념으로 이어져 용광로처럼 펄펄 끓어오르고 있다. 학생들로 구성된 오케스트라는 예술고로 착각할 정도로 연주 실력이 뛰어나고 자부심이 충만하다. 수학 영재를 위해 세계 석학을 초빙하여 우수학생에게 심화교육을 제공하고, 과학 영재를 위해 포스텍 교수진과 함께 실험실습 위주의 공동 프로젝트를 실행하고 있다. 이러한 포철고의 노력은 최고의 전문성을 가진 교사와 더불어 전 교사가 전문상담가로 심리적 안정감과 진로코칭에 전문성을 더하며 더욱 빛을 발하고 있다.

03
포항제철고등학교

지 · 덕 · 체가 조화를 이룬
명품교육을 향한 길

경북 포항시 남구 지곡로에 위치한 포항제철고는 1981년 3월 6일 개교한 34년의 역사를 가진 학교이다. 고 박태준 명예회장이 임직원들의 주거와 교육 지원을 위해 설립한 포스코 교육재단이다.

1986년 창단된 체조부에 이어 2013년에는 축구부와 야구부도 창단되는 등 학교 스포츠 활동이나 체육 교육도 적극 실시하고 있다.

포항제철고등학교는 2011년에 자율형 사립고로 지정되었으며, 2012년부터는 신입생 모집의 범위가 경북지역에서 전국단위로 확대되었다. 그 결과 대구 · 경북지역에서 서울대학교 최다합격자 배출이라는 놀라운 성과를 거뒀다. 2011학년 입시에서 34명이 서울대학교에 합격했다. 연 · 고대도 76명의 학생이 합격하는 결실을 얻었다.

포항제철고는 재학생 중 약 25% 정도는 대학이나 연구소와 같은 외부

연구기관과 연계해 과제를 진행하는 R&E 프로그램을 운영한다. 학생들은 이 프로그램을 통해 학업에 대한 흥미 배가는 물론, 전공선택 전 관심분야를 연구하며 스스로의 진로 적성을 계발한다. 또한 영어로 진행하는 인문·사회·수학·과학 기초 분야에 대한 통합적 연구 프로그램도 진행하고 있다. 이를 통해 학생들은 창의적이고 실용적인 지식 연마와 함께 사회 현장에 대한 통합적 인식과 체계적 분석에도 눈을 뜨게 된다. 포항제철고에서는 학생들이 주도적으로 자신이 관심 있는 분야에 대한 연구와 학습을 체계 있게 할 수 있는 다양한 교육 프로그램이 운영되고 있다. 포항제철고는 다양한 성과 연구를 통해 21세기가 필요로 하는 실용적인 교양인을 깊이 있게 양성하여 짧은 시간에 명문고의 반열에 오른 저력의 영남권 명품학교이다.

인성이 중심이 된 실용적 교양인 육성

포항제철고등학교의 건학이념은 '교육 보국의 정신 아래 자주인, 도덕인, 창의인을 육성한다.'는 것이다.

자주인이란, 역사의식에 투철하여 올바른 조국애를 지닌 사람, 자신의 본분을 깨달아 주어진 사명을 다하는 사람을 뜻한다. 도덕인은 자유와 진리를 추구하고 지혜로운 사람, 신분을 깨끗이 하고 사람다운 품격을 중히 여기는 사람이다. 창의인은 진취적 기상으로 새 역사 창출에 동참할 수 있는 사람, 인류 문화의 발전과 번영에 헌신할 수 있는 사람이다. 건학이념을 바탕으로 한 포항제철고등학교의 교육 목표는 자주, 창의, 실천이다.

이러한 목표를 바탕으로 웅대한 이상과 용기가 있는 학생, 무한한 탐구력을 발휘하는 학생, 항상 명랑하고 예절바른 학생을 육성하기 위해 전 교직원이 최선을 다하고 있다.

5덕성을 바탕으로 한 인성 우수 학생 양성

포스코 교육재단은 2014년부터 인성의 중요성을 학생들에게 일깨우기 위해 새롭게 '인성 우수상'을 제정했다. 그동안 학업 우수자에게 수여하던 재단 최고상을 인성 우수자에게 수여하기로 한 것이다.

3학년 김지원 양은 2015년 대학수시전형에서 서울대학교 경영대학에 합격하는 기쁨과 동시에 '2014 대한민국 인재상' 수상자로 선정되는 영예를 차지했다. 그는 학교 내 경제동아리 및 멘토링 프로그램 등을 직접 만들고 이끄는 등 여러 학문 분야에 대한 고른 자질을 높이 평가받았으며 다양한 인재들을 포용하고 융합형 인재로서의 능력과 성취를 인정받아 수상의 영예를 안았다.

지금 일선 학교 현장에서 학교 폭력과 왕따 문제로 학교는 물론 학생들도 상처를 받는 경우가 종종 있다. 이런 비인간적인 행동은 학생의 행복은 물론 학교의 존재에도 큰 걸림돌이다.

그런데 포항제철고등학교에서는 학교 폭력이나 왕따 문제는 거의 없다. 학생들이 입학한 후에는 자동으로 자신의 못난 부분들을 용광로 속에 집어넣어 녹이지 않고는 견딜 수 없기 때문이다. 이는 포항제철고만의 자유로운 학내 문화가 형성되어 있기 때문이기도 하다.

포항제철고의 학내 문화를 주도하는 대표적인 인성 프로그램이 바로 5덕성 함양 교육 프로그램이다. 5덕성(충忠, 효孝, 인仁, 예禮, 의義) 함양 교육 프로그램은 나라사랑에 대한 마음, 부모에 대한 감사와 가족사랑, 타인에 대한 배려와 목표를 향한 정진, 웃어른에 대한 공경 및 순국선열에 대한 감사, 사회에 대한 봉사와 정의 실천의 마음을 기르는 교육 프로그램이다. 포항제철고의 5덕성 함양 교육 프로그램의 실천사례들은 끊임없이 이어지고 있을 뿐만 아니라, 미래 한국의 가슴 따뜻한 예비 지도자를 배양하고 있다. 호국정신을 함양하는 것을 기본으로 미래를 이끌어갈 인재를 양성하기 위한 포항제철고만의 지속적인 인성 교육으로 인해 학교 내에서 학교 폭력이나 왕따는 현저하게 사라지게 됐다.

이처럼 포항제철고의 남다른 인성 함양 교육은 '실력 전에 인간성'이라는 교육 본연의 자세에 충실한 포항제철고만의 교육관에서 비롯된 특기할만한 교육성과라고도 볼 수 있다.

최고의 교사들이 가르치는 우수한 영재 교육

포항제철고등학교는 미래를 선도하는 학교를 만들기 위해 학교 경영진이 경영, 인성, 학력관리를 중점시책으로 추진하고 있다.

① 학교경영은 진취적 교육 활동과 연관되는 것으로 학교경영의 민주화, 경영책임의 학년화, 각종 운영협의회 활성화, 존경받는 스승상 확립,

전 교사의 진로상담 요원화, 학부모교실을 실천 목표로 삼고 있다.

② 인성 교육은 인성 교육 프로그램을 통한 실천적 인성 교육 강화, 학생회 활동의 활성화, 학생 중심의 클럽 활동의 다양화 및 학생 축제 실시, 〈우리들의 생활 지표〉 실천 교육, 학생 자주 주간 운영 강화, 봉사 활동 강화가 이에 해당한다.

③ 탐구력 및 사고력 신장을 위한 학력관리는 기초와 기본학력지도, 자기주도적 학습능력 신장, 수준별 교육과정 이동수업 이행, 특기적성 교육 활동 활성화, 각종 경시대회 상위 입상 지도, 독서 교육 강화 등을 실천 항목으로 두고 있다.

이러한 포항제철고의 경영, 인성, 학력관리 중점시책을 최적의 교육 현장에 적용시키기 위해서는 최고의 교사들이 필요하다. 무엇보다도 포철고가 자신 있게 교육 선진화 사업을 펼칠 수 있는 근거는 역시 최고의 전문성을 지닌 교사들을 빼놓고는 얘기할 수 없다.

'영재들의 집합소'라는 별칭을 들을 만큼 우수한 학생들에게 보다 질 높은 교육을 제공하기 위해 재단에서는 다음과 같은 교사 전문성 향상 원칙을 세워 교육 현장에서 실천하고 있다.

① 교사의 수업 및 인성지도의 중요성은 교사에게 우선적으로 초점이 맞춰져 있다. 따라서 교사들에게도 끊임없이 연구하도록 동기를 부여하고 있다. 매년 스승의 날에 전 교사를 대상으로 수업우수교사 8명과 수업명인 1명을 선발하여 시상식을 한다.

② 교사라면 2016년까지 최소한 3급 이상의 상담교사 자격증을 취득해야 한다. 이는 학생과 교사의 신뢰관계를 형성하기 위한 것이다. 심리

적으로 정서적인 안정과 1:1의 상담을 통한 공감과 격려의 전문화된 교사의 능력 향상을 위해서이다. 이를 위해서 교원대에 위탁하여 상담 교육을 하고 필기시험을 치른 후에 실제 학생상담 마일리지를 종합하여 '상담교사 자격인증제'를 도입했다.

③ 포항제철고등학교의 전 교사는 전문성을 가진 진로코치여야 한다. 이를 위해 진로·학습 코칭연수를 이수하도록 할 뿐만 아니라, 외부전문기관의 진로설계 전문가과정을 통하여 워크숍, 꿈 데이 운영 등 실제적인 진로 설계를 위한 교사의 전문성 향상에 다각적인 방안을 운영 중이다. 이는 교사가 학생의 입학에서 졸업까지 단계별로 진로 설계를 할 수 있게 하기 위함이다.

2학년을 가르치고 있는 박 선생님은 " '교육의 질은 교사의 질을 능가하지 못한다.'는 말이 있습니다. 이 말은 학생들이 가르치는 교사의 수준을 뛰어넘을 수 없다는 전제를 두고 하는 말입니다. 하지만 포항제철고는 영재들의 집합소라고 자부할 수 있습니다. 따라서 선생님들은 이런 영재들을 가르치기 위해 어느 대학 못지않은 높은 수준의 실력을 가지고 있습니다."라고 하시면서 선생님들이 최고의 전문성을 가졌기 때문에 학생들의 실력은 더 높아질 것이라고 전망했다.

지·덕·체가 균형을 이룬 인재를 기르기 위한 교육

포항제철고는 공부만 강조하는 학교가 아니다. 무엇보다도 지·덕·체가 고루 균형을 이룬 조화로운 인재를 양성하는 것을 교육 목적으로 삼는 학교이다. 포항제철고 1학년 학생들은 종합체육과 검도 중에서 의무적으로 한 가지를 배워야 한다. 이른바 1인 1기 교육이다. 또한 2013년 9월에는 포스코 교육재단에서 '글로벌 일류 시민을 양성하는 행복한 학교'라는 비전을 발표했다. 이른바 행복한 학교 만들기 프로젝트를 가동한 것이다. 입시 위주의 교육만으로는 더 이상 경쟁력 있는 인재를 키울 수 없다는 판단 아래 다양한 교양, 전문 프로그램을 개발 중이다.

포항제철고를 명문고 반열에 올려놓는 데 중요한 역할을 한 교육 프로그램은 크게 자율적 동아리 활동 운영과 H.S.P(Honors Students Program) 수월성 프로그램, 석학 교수진이 운영하는 심화 교육을 들 수 있다.

학생의 숨겨진 재능을 발산하는 자율적 동아리 활동 운영

"처음 입학했을 때, 다른 학교에 진학한 친구들이 동아리 활동이 자유롭고 종류도 많다고 무척 부러워했어요. 다른 학교에도 동아리가 없는 것은 아닌데, 친구들 얘길 들어보면 거의 스펙 쌓기 위해 동아리 활동을 한다고 해요. 그런데 우리 학교는 재미있는 동아리가 많아서 정말 좋아요."

이제 한 학기를 마친 신입생 이 군은 자율적이며 재미있게 활동할 수 있는 포철고만의 동아리 매력에 푹 빠져 있다. 여러 가지 동아리에 다 가입하지 못하는 것이 아쉽다고 한다.

1학년 때에는 골프와 검도 중에서 의무적으로 한 가지를 배워야 하는 1인 1기를 실시하고 있다. 그리고 꽃잎(의상디자인), 울림쇠(대중음악), 칸타빌레(현대음악), 공감대(연극), 한소래(방송) 등 취미 동아리가 활동하고 있다. 전체 40개가 넘는 다양한 동아리 활동은 학생들의 적극적인 참여로 이루어지며, 흥미 위주가 아닌 숨겨진 재능을 끊임없이 발산하는 동아리 활동을 적극적으로 펼치고 있다.

스포츠 동아리는 공동체 의식을 기르기 위한 목적과 포항의 지역적인 특성을 살려 해양스포츠 활동인 스킨스쿠버, 요트, 조정, 스쿼시, 스케이트, 클라이밍, 요가 등 다양한 종목을 선택하여 배울 수도 있다. 동아리 활동은 개개인의 소질과 능력을 극대화해 전국 규모의 대회에서 뛰어난 성과를 이루어내고 있다.

동아리 활동 중 빼놓을 수 없는 것은, 50여 명의 학생들로 구성된 오케스트라이다. 1999년부터 운영 중이며 단원이 되기 위해서는 악기 연주 실력과 학교성적이 상위권이어야 한다. 오케스트라 동아리는 학교 모든 행사에 참가하고 있다. 여느 예술고 이상의 연주 실력을 갖고 있으며 학생들의 자부심도 대단하다.

H.S.P(Honors Students Program) 수월성 프로그램

포항제철고등학교의 'H.S.P(Honors Students Program) 수월성 프로그램'은 전국적으로 다양한 재능을 가진 학생을 발굴하여 타고난 잠재력을 계발할 수 있도록 하는 수준별 교육 프로그램이다.

세계 명문학교의 공통적인 특징은 바로 눈에 보이지 않는 학생들의 잠재된 능력을 찾아내고 일깨워주는 데 있다. 일반적으로 학교에서는 각기 다양한 분야에서 최고의 인재를 선발한다. 하지만 입시위주의 일반적이고 공통된 교육과정으로 획일화된 교육을 주입하는 것은 잠재능력을 깨우기보다 오히려 말살하는 경우가 많다. 포항제철고등학교는 한계를 극복하고 이러한 잠재능력을 일깨우기 위한 노력의 일환으로 수월성 프로그램을 실시한다.

세계적 석학 교수진이 운영하는 심화 교육 제공

"저희 학교는 1학년 때부터 분야별로 세계적인 석학 교수진으로 구성하여 새로운 프로젝트 가동에 최선을 다하고 있습니다. 좀 더 차원이 다른 심화학습을 제공할 방법이 없을까 고심 끝에 만들어진 것입니다. 처음에는 학생들이 적응을 잘 하지 못할까 걱정도 했지만 지금은 아주 큰 흥미를 느끼고 있습니다."

교감선생님은 특기 적성 교육, 수학영재 발굴·육성을 위해 러시아 명문 노보시비르스크 대학교 교수를 초빙, 우수 학생들을 대상으로 심화 교육을 제공하고 있다고 한다.

특히 수학 영재를 발굴·육성하고자 특별 교육과정을 개설해 수학 영재 교육을 실시하는 프로그램도 있다고 한다. 수학에 재능 있는 학생들을 조기에 발굴하여 잠재능력을 일깨운다는 취지이다.

1학년 1학기 성적을 토대로 선발위원회를 통과한 180명의 학생이 지도 대상이며 영어와 러시아어로 2학기에 4단위의 수업을 한다. 대수학과 기하와 벡터 등 심화된 수업을 통하여 수월성을 높이고 우수한 학생들의 지적 호기심을 충족시킴과 동시에 수학에 대한 패러다임을 확대한다는 장점이 있다.

과학 분야에 재능을 가진 학생들을 위해서는 포스텍 교수진과 함께 실험·실습 위주의 프로젝트 활동을 실시한다. 학생과 공동으로 진행하는 실험실습 결과를 바탕으로 한 연구보고서도 발표하고 있다.

또한 1학년 때 받는 H.S.P 수업은 2학년 때 자연계열 학생뿐만 아니라, 인문계열 학생들까지 참여하여 이루어지는 R&E(Research & Education: 대학, 연구소 등 외부기관과 연계해 진행하는 연구 프로젝트) 프로그램의 전 단계 역할을 한다. 학생 본인의 의지와 선택에 따라 연구보고서 주제를 선정한 후, 지도교수를 배정받는 셈이다. 그리고 대학연구소를 통해 실험설계에도 참여하면서 다양한 진로탐색의 기회로 삼을 수도 있어 일석이조의 효과를 얻을 수 있다.

그 과정에서 글쓰기를 통해 다양한 자료수집과 생각하는 사고의 능력 향상이나 논리적 판단과 구성이 이루어진다. 이렇게 작성된 보고서는 지도교수의 감수를 거쳐 책으로 출간하기도 한다. 지금까지 출간한 책이 수십 권에 달한다.

포항제철고의 오늘과 내일

개인의 흥미와 관심에 따른 학생들의 자율적인 선택과 동아리 활동은 실제로 지방 학생들이 가장 어려움을 겪는 논술대비 수업과 연계되어 집중력을 높이고 있다. 이러한 수월성 교육 프로그램의 실행 성과는 2012년도부터 경북지역 단위모집에서 전국단위 모집으로 전환되었음에도 불구하고, 2011년도 서울대학교 기준으로 34명, 이듬해인 2012년도에 30명, 2013년도 29명, 2014년도 27명이 진학하는 성과를 냈으며 2015년도에는 40명을 목표로 집중하고 있다.

신입생 전형

2008년도부터 포항지역의 고등학교들이 평준화되면서 지역의 인재들이 포항제철고를 선택했다. 그때까지 포스코 임직원 자녀 외에는 경북지역을 기준으로 신입생을 선발했었다. 그런데 2012년도부터 우수학생 유치를 위해 전국단위 선발로 전환했다.

이를 위해 304명을 수용할 수 있는 기숙사인 청암학사도 완공했다. 기숙 학생들의 스트레스 해소와 육체와 정신건강을 도모하는 역사문화기행이나 클라이밍 등의 프로그램도 진행 중이다.

또한, 신입생의 경우 지역사회를 위한 배려로 2014학년도부터 59명을 포항지역 쿼터로 지정받아 최소한 상위 4% 이내에 들어야 합격할 수 있게 되었다. 나머지 전국단위 모집 100명은 상위 2% 내에 들어야만 합격할 수 있다. 모집 인원의 40%를 자기주도학습전형으로 뽑는데, 1단계에서 국어·영어·수학·사회·과학 교과 성적으로 정원의 1.5배수를 선발한다. 2단계에서 수학·과학·영어에 가중치를 적용한 내신성적과 면접 점수를 합산해 최종 선발한다. 입학 후에는 학교 자체적으로 학생들의 진로와 연계된 교육과정을 편성하고 고급수학, 물리, 생물 등 전문교과를 확대 배치함으로써 결국은 자연계 모든 학생이 이를 이수하도록 하고 있다.

학교 시설 및 환경

포항제철고는 주변이 산으로 둘려싸여 있어 숲속에서 살고 있는 듯한 친환경적인 느낌을 준다.

학교가 차지하는 전체 부지만 해도 61,557m²에 교사(校舍) 대지 7,685m², 기숙사 면적 3,496m²이다. 교실 39실, 특별실 33실, 열람실 7실로 구성되어 있는데 주목할 만한 것은 1,400명의 학생이 모두 개인 열람대를 가지고 있으며 지정좌석제라는 점이다. 선택형 수업이 늘어남에 따라 80명을 수용할 수 있는 대규모 종합강의실 2개가 별도로 있으며, 100명 이상 수용하는 소강당도 별도로 지어져 있다. 개괄식 도서관은 18,000권의 장서와 함께 학생들의 지적 휴식 공간으로 활용도가 높으며 도서관 못지않게 운동장 남쪽에 설치된 골프연습장은 학생들에게 인기 만점이요, 학습 스트레스를 한 방에 날리는 최고의 시설이다.

차별 없는 학교 문화로 일군 놀라운 성과

포항제철고등학교의 학생들은 스스로 적응하고 자신에게 선한 영향력을 행사하는 탈바꿈을 하게 된다. 바로, 우열반을 비롯한 모든 분야에서 차별 없는 학교 문화는 상대적 박탈감을 느끼지 않도록 하는 학교 측의 배려 덕분에 면학풍토가 조성되어 있기 때문이다. 이러한 배경에는 포스코 사택단지 안에 학교가 있다는 것과 어린 시절부터 함께 지낸 학생이 솔선수범하여 분위기를 만들어가기 때문이다.

그 대표적인 것이 매월 셋째 주에 열리는 '자주 주간' 행사이다. 일주일 동안은 모든 학교행사를 학생회가 전적으로 주도한다. 조회부터 종례까지를 선·후배가 하나 되어 자치 규율에 따라 학생이 직접 참여·운영하게 된다. 학생들에게 자신의 권리와 책임과 의무를 심어주며 학교의 구성원으로서 학교운영에 참여하게 하는 포항제철고의 대표적인 전통이다.

포항제철고의 내일

개교 30년을 넘긴 청장년인 포항제철고는 재도약을 준비하고 있다. 학교의 모든 인건비 및 경상운영비 자체를 포스코 교육재단으로부터 매년 전액 지원받았지만, 민영화 이후에 많이 줄어 연간 52억 원을 받고 있다. 학생 납입금 대비 법인전입금 비율은 2013년도 교육부 기준 평균 20%에 비해 무려 196%에 달한다. 재단의 이와 같은 적극적인 재정 지원으로 자율형 사립고등학교로서의 위상을 굳건히 하는 데 이바지하고 있다.

그뿐만 아니라, 포스코 교육재단(이사장 박한용)은 2013년에 '글로벌 일류 시민을 양성하는 행복한 학교'란 새로운 비전을 선포했다. 새로운 비전 정립을 위해 세계적인 컨설팅 그룹인 보스턴컨설팅 그룹(BCG)과 함께 프로젝트를 추진한 결과다.

글로벌 안목과 소질을 갖추고 사회 구성원으로서의 책임과 역할을 다하는 창의적 인재 양성이 비전의 핵심이다. 국제화 시대에 걸맞게 글로벌 안목으로 소질을 계발하고 사회 구성원의 책임과 역할을 다하는 창의 인재를 키운다는 목표를 다시 한 번 설정했다. 지성, 인성, 시민의식, 스포츠, 문화·예술 등 5대 기본 교육 목표와 창의, 적성·진로 등 2대 중점 관리목표를 추진한다는 계획을 세우고 있다.

포스코 교육재단 이사장은 시민의식에 대한 생각이 확고하다.

"국내 학생들의 부족한 소양 가운데 하나가 시민의식이라고 판단했기 때문에 글로벌 시대의 리더는 성숙한 시민의식에서 출발한다는 것을 최고의 아이콘으로 선택했다. 이로써 포항제철고는 더 이상 국내 경쟁이 아닌 세계 속의 글로벌 인재를 양성한다는 비전을 확고히 선포했다."

포항제철고는 국내 최초로 학교 차원에서 시민의식을 미래 비전으로 정해 교육을 추진하는 것을 자랑으로 여기고 있다. 글로벌 시대에 걸맞는 교육적 접근의 패러다임의 차이다. 현재 세계 명문학교에서는 '시민의식'의 기본인 공동체 의식, 사회 이슈 이해 및 참여의식 고취, 다양성 존중, 사회공헌 마인드를 길러주기 위해 이를 핵심 목표로 삼아 교육하고 있다는 것을 알고, 이를 적극적으로 적용하고 있는 것이다.

포항제철고등학교의 이모저모

신입생 인성캠프

학생참여마당

한어울림축제

제3장

인성을 중시하는 명품학교

거창고등학교

세상을 변혁시키는 '빛과 소금'이 되라는 인간 교육의 요람

기독교 신앙에 바탕을 둔 학교 교육의 실천
거창고만의 특별한 직업 선택 교육
사회에 어떻게 헌신할지를 가르치는 자율학습 교육
거창고의 오늘과 내일

논산 대건고등학교

학력 신장의 토대 구축을 기반으로 한 인성 교육의 전당

신체적·지적·정서적·영적 요소가 조화롭게 계발된 인재 양성 교육
교사와 학생이 주도적으로 참여하는 자치 교육
학습 효과 극대화를 위해 교사들이 직접 만든 학생맞춤형 교육
대건고의 오늘과 내일

안산 동산고등학교

하나님의 사랑으로 넓고 큰 꿈을 키우는 터전

가고 싶은 학교, 머물고 싶은 학교를 지향하는 인성 교육 실천
기독교 정신을 바탕으로 이웃에 신뢰를 전하는 교육
학생 개개인의 꿈을 갖게 하는 특화된 교육
동산고의 오늘과 내일

교육은 바람직한 인간을 형성하는 활동이라 할 수 있다. 독일의 교육철학자인 볼노브(O.F.Bollnow)는 이러한 교육 활동을 '만들다, 기르다, 그리고 만나는 활동'이라고 설명한 바 있다. 우리나라에서는 전통적으로 지(知), 덕(德), 체(體) 또는 지(知), 정(情), 의(意)가 균형 잡힌 인간 육성을 교육의 목표로 삼아왔다. 그러나 우리의 교육은 지적, 기술적 측면에 치중하여 왔다고 지적받고 있다. 그래서 우리 국민들의 72.4%가 학생들의 인성 · 도덕적 수준이 낮다고 보고 학교 교육을 개탄하고 걱정하는 모습을 쉽게 목도할 수가 있다.

앞으로 21세기 가장 핵심적인 교육 개혁의 과제가 바로 인성 교육, 인간 교육 또는 전인 교육을 들고 있다(한국교육개발원, 2014). 인성 교육에 대한 사회적 요청과 필요에 부응하여 지난 2014년 12월 29일 국회에서 여 · 야 의원 만장일치로 '인성교육진흥법'이 통과되었고, 시행령 및 시행규칙이 마련되면 현장에서 시행될 것으로 보인다. 이 인성교육진흥법은 예(禮), 효(孝), 정직, 책임, 존중, 배려, 소통, 협동 등의 가치와 덕목을 길러줌으로써 '건전하고 올바른 인성을 갖춘 국민을 육성'하자는 데 그 목적을 두고 있다.

우리의 교육 현장은 학교의 외형적인 건물이나 최첨단 교육 시설들로 채워지고 있으나, 아이들의 학교생활이나 가정생활은 이전에 찾아볼 수 없었던 삭막하고 황폐화된 도시처럼 황량해지고 있다고 해도 과언이 아니다. 교육에서 인성 교육이 사라지고 없는 현실을 되살릴 수 있는 방법은 인성 교육을 새롭게 진흥시켜 교육의 본령(本領)을 회복하는 일이다. 인성 교육은 '바람직한 가치의 역량과 태도를 지닌 인재를 기르는 교육 활동'이 교단에서부터 활발하게 추진되고 교육자의 사명이 실천될 때 가능하다. 이는 바로 교육의 본질 회복이요 본래적인 교육 활동 내용이자 목표가 아닐 수 없다.

이 장에서 제시되는 거창의 거창고등학교, 논산의 대건고등학교, 안산의 동산고등학교는 종교적인 바탕 위에 학교구성원 모두가 인성 교육을 삶으로 실천하는 최고의 모델이라 할 수 있는 인향만리(人香萬里) 즉, 사람의 향기는 만리를 가고도 남는 최고의 학교들이다.

'여호와를 경외하는 것이 지식의 근본이다(잠언 1장 7절)'를 교훈으로 삼을 만큼 거창고는 기독교 정신이 바탕이 된 학교이다. 특히 '자율성'을 강조하고 실천하는 교육철학이 살아 숨 쉬는 학교로 자율 교육의 기본을 역사의식에 두고 있다. '일본 잔재 청산'을 위해 교복과 조회를 없애고, 두발 자율화를 실시하며 유신시대의 군사 교육을 거부할 만큼 민족의식이 투철한 학교이다. 빛과 소금의 역할을 강조하며 '직업 십계명'이라는 다른 학교에서는 상상할 수 없는 희생과 봉사의 정신으로 개척자의 정신을 이어가고 있다.

01
거창고등학교

세상을 변혁시키는
'빛과 소금'이 되라는 인간 교육의 요람

"울타리도 정문도 문패도 없는 학교. 눈 오는 날이면 전교생이 근교 야산에서 토끼몰이를 하는 학교. 조그만 시골의 자율성 교육 현장, 거창고등학교."

거창고등학교를 떠올리면 자연스럽게 따라붙는 모 신문의 기사이다. 그만큼 '자율성'은 거창고를 대표하는 교육철학이자 학교운영의 기본이다.

거창고등학교를 설립한 전영창 교장선생님에서부터 현 교장선생님에 이르기까지, 거창고에서 끊임없는 자기헌신으로 남다른 교육열을 불태웠던 교육 선각자들의 교육 방침이 '한국 교육의 다양한 가능성'으로 다가서곤 했다. 미국 유학 1세대이신 전영창 교장선생님은 서울의 모 대학교에서 교수(부학장)로 초빙한 것을 뿌리치고 거창고등학교에서 젊음을 투신한 분이다. 학생들을 사랑하고 헌신적으로 지도하신 전영창 교장선생님의 교육적 열정은 바로 기독교 신앙의 바탕 위에서 가능했던 것이다.

또한 전영창 교장선생님은 자율 교육의 기본을 '일본 잔재 청산'에 두고 교복과 조회를 없애고 학생들의 두발을 자율화하였다. 또, 유신시대의 군사 교육도 거부하였다. 고 전영창 교장은 동료 교사들과 국수로 끼니를 때우면서 학생들과 같이 지게를 지고 일하며 학교를 일구었다. 새벽 다섯 시에 학생들을 불러 영어를 가르쳤고 밤낮으로 학교에서 살다시피 하면서 학교 교육에 전념하신 것은 유명한 일화로 전해지고 있다.

고 전영창 교장선생님에 이어 거창고등학교를 명품학교로 발전시킨 전성은 교장선생님은 '교육이란 애정과 신뢰를 가지고 참을 찾아가는 길'이라고 규정하고 역사를 거스르거나 윤리에 어긋나며 종교에 어긋나는 행위는 교육이라고 할 수 없다고 강조했다.(《거창고등학교 이야기》, 배평모 편저, 2005). 이러한 기준을 넘어서서 적어도 교육은 유형무형의 모든 폭력을 비폭력으로 극복하여 이기는 길을, 함께 살아가는 공동체의 길을 추구하며 바른 신앙을 가지도록 길을 찾아주어야 한다고 믿어왔다.

이러한 전임 교육자들의 독특한 교육 방침을 이어받아 제5대 도재원 교장선생님은 교육 혁신의 기본을 '사람을 사람으로 보고' 인간됨을 교육하자는 데 주안점을 두었다. 교사의 교육적 활동에 대해 간섭과 통제를 하지 않았으며 전폭적인 신뢰를 토대로 교사가 마음껏 일할 수 있는 분위기를 조성하는 데 힘을 기울였다. 이렇게 학교에서 교육 활동에 간섭하지 않기 때문에 교사는 자율적이고 창의적으로 교직업무를 수행하는 데 소홀함이 없었다.

기독교 신앙에 바탕을 둔 학교 교육의 실천

거창고의 선생님과 학생은 마치 부모와 자식 사이 같다. 무엇보다 여느 학교에서는 찾아볼 수 없는 담임선생님의 정성어린 학생 돌봄이 인상적이다. 거창고에서는 담임선생님이 학생에게 모닝콜을 하거나, 학생이 쓴 일기를 선생님께 드려 선생님이 답일기를 써주는 교환일기 쓰기가 일상화되어 있다. 이러한 학교 풍경은 자연스럽게 학생과 교사 혹은 학생과 학생 간의 진솔한 만남을 추구하는, 거창고등학교의 교육관을 구체적으로 실현하는 현장인 것이다. 또한 거창고 학생들은 선생님께 받는 벌로 추천 명화나 도서, 시 등을 읽고 감상문을 쓰는 일도 일상적인 생활의 한 모습이다. 이처럼 고상한 벌이 또 어디 있겠는가. 참으로 거창고만이 할 수 있는 멋진 발상이 아닐 수 없다.

거창고등학교의 교훈은 '여호와를 경외하는 것이 지식의 근본(성경 잠언 1장 7절)'이다. 거창고는 이처럼 성경 말씀을 교훈으로 삼고 기독교 정신을 바탕으로 한 민주시민을 양성한다는 교육 목표 아래 ① 기독교 정신을 바탕으로 한 자아 완성, ② 만남과 체험을 통한 자율적 인간 교육, ③ 능동적인 학습 활동을 통한 학력 신장 ④ 역사의식을 갖춘 인재 양성 등 4가지 교육 지표를 실천하고 있다.

앞서 언급한 대로 거창고는 학교 교육 활동을 자율성을 기초로 수행하도록 하였기 때문에 바로 혁신의 과정과 결과가 지속적으로 추진될 수 있는 원동력이 되었다. 거창고는 전인 교육의 기틀을 마련하고 인성 교육을 위한 다양한 프로그램을 실행하여 왔는데 무엇보다도 학생들의 자율성과 창의적 노력을 강조하고 철저한 학생 중심의 운영 방식을 채택하고 있다. 이렇듯 교장은 교사의 자율성을, 교사는 학생의 자율성을 존중하고 최대한 살리는 운영 방식이 이 학교의 가장 큰 특징이자 전통으로 계속 이어져 오고 있다.

이러한 교육 목표 달성을 위한 학교 경영방침으로서 학교 교육이념을 교육과정과 그 현장에서 능동적으로 구현하는 동시에 학생들에게 자신의 재능과 소질을 발견하고 계발하는 기회를 제공하고자 노력하고 있다.

거창고만의 특별한 직업 선택 교육

대안학교가 전무하던 시절, 일반인들에게 거창고만의 독특한 학교운영 방침이 알려지게 된 건 '직업 십계명'이라는 거창고만의 교육 현장에 기인한 바가 크다.

거창고등학교 직업 십계명은 일반인에게도 많이 알려져 있다. 기독교 정신의 바탕 위에 '빛과 소금'의 역할을 수행하고, 희생과 봉사 정신으로 '한 알의 밀알'이 되려는 자세로 직업을 선택하라는 정신이 깃들어 있다.

제 1계명 | 월급이 적은 쪽을 택하라.

제 2계명 | 내가 원하는 곳이 아니라 나를 필요로 하는 곳을 택하라.

제 3계명 | 승진의 기회가 거의 없는 곳을 택하라.

제 4계명 | 모든 것이 갖추어진 곳을 피하고 처음부터 시작해야 하는 황무지를 택하라.

제 5계명 | 앞을 다투어 모여드는 곳은 절대 가지 마라. 아무도 가지 않는 곳으로 가라.

제 6계명 | 장래성이 전혀 없다고 생각되는 곳으로 가라.

제 7계명 | 사회적 존경 같은 건 바라볼 수 없는 곳으로 가라.

제 8계명 | 한가운데가 아니라 가장자리로 가라.

제 9계명 | 부모나 아내 혹은 약혼자가 결사 반대를 하는 곳이면 틀림없다. 의심치 말고 가라.

제 10계명 | 왕관이 아니라 단두대가 기다리고 있는 곳으로 가라.

어찌 보면 투박하고 고집스런 주장 같기도 하지만 모험적이며 개척자적인 정신과 헌신적이며 희생적인 정신, 즉 사랑과 봉사의 기독교 정신이 바탕에 깔려 있는 직업 교육관이다.

"교육은 사상을 전달하는 것이 아니다. 사람에 대한 믿음, 생명에 대한 사랑, 모든 피조물의 존재에 대한 믿음을 심어주는 것이 교육이므로 여기에서 벗어나면 교육일 수가 없다."

대안 교육의 선구자였던 전임 교장선생님들이 선생님과 학생들에게 강조해 마지않던, 거창고등학교, 그리고 자매학교인 샛별초등학교, 샛별중학교의 교육이념이다.

거창고만의 특별한 교육 방침

거창고는 스파르타식 교육을 하는 학교가 아니다. 오히려 학생에게 온갖 자율권을 주는 데다 주변에 변변한 학원 하나 없는 시골의 기숙사 학교에서 이처럼 높은 학력을 유지하는 비법은 무엇일까. 수업의 내실화와 철저한 자율학습의 결과이다.

거창고등학교는 학생과 교사가 중심이 되는 전인 교육의 일환으로 이 학교만의 독특한 특수 교육을 전교생 대상으로 시행하고 있다. 일명 '인간화 교육'이라고 이름붙인 이 교육은 기독교 신앙을 바탕으로 하여 민주시민 교육의 나아갈 방향을 설정하는 데 도움을 주는 프로그램이다.

주요 프로그램으로는 '리더십 양성을 위한 체험 활동'과 '봉사 활동의 내실화', '국제화 교육'으로 대변된다.

① 리더십 양성을 위한 체험 활동

초청강연과 문학기행, 역사기행 등 다양한 체험 활동을 통해 글로벌 리더로서의 소양과 진로 선택에 대한 정보를 얻어서 올바른 가치관을 정립하고 진로 및 진학의 길을 넓혀나가는 것을 목적으로 한다. 이러한 목적을 달성하기 위해 명사 초청 강연이라든지 관련 인사 초청 입시설명회 등을 운영하고 있다. 또한, 1, 2학년의 경우 봄예술제(체육· 문예), 가을예술제(연극· 합창), 봄야영 활동, 신앙집회, 한나눔터(불우 이웃 돕기), 그리고 3학년의 경우 봄예술제(체육 · 문예), 야영 활동, 학생회 직접 선거 등을 하도록 하고 있다. 이때 모든 기획과 진행까지 학생들이 직접 참여하여 자율적으로 활동하도록 하고 있다.

② 봉사 활동의 내실화

거창고는 자신들의 작은 도움이 소외된 이웃과 굶주린 아동을 살리는 생명운동임을 깨닫게 하고 이를 통해 이웃의 아픔을 나의 아픔으로 느끼는 봉사 활동을 활발히 펼치고 있다. 이웃을 존중하고, 이웃과 더불어 사는 공생의 가치관을 갖도록 바자회(한나눔터)를 운영하고, 월드 비전을 통하여 한 학급이 한 아동과 결연하여 매월 3만 원씩 후원금을 정기적으로 보내는 '한 반 한 생명 돌보기 프로그램'을 진행한다. 그밖에 소외 계층·지역의 개척 주일학교 운영, 기독 학생회 봉사 활동, 총학생회 소록도 나환자 봉사 활동을 수행한다.

③ 국제화 교육(국제이해 교육)

거창고는 유네스코협동학교 프로그램(ASP-net)을 운영한다. 이는 다른 나라의 사회, 경제, 문화를 탐방하여 다양한 삶의 방식을 접하고 다양성에 대한 이해와 관용을 갖게 하는 동시에, 다른 문화, 다른 사람들의 삶의 양식을 이해하고 공감하는 세계시민의식을 길러주기 위함이다.

사회에 어떻게 헌신할지를 가르치는 자율학습 교육

거창고는 유난히 자율학습 시간이 많다. 교과 수업은 오후 4시 50분이면 모두 끝나고 전원 취침시간인 새벽 1시 30분까지 자율학습으로 채워진다. 2학년 박 양은 "자율학습 시간이면 바늘 떨어지는 소리가 크게 들릴 정도로 다들 집중하는 분위기"라고 말했다.

영어와 수학은 자율학습 시간을 이용해 교사에게 일대일지도를 받을 수도 있다. 자습실에 '질문함'을 비치해둬, 자습하다 막히는 문제를 쪽지에 적어 질문함에 넣게 했다. 교사는 이를 수거한 후 질문한 학생을 한 명씩 교무실로 불러 개인지도를 한다.

학생들은 "사교육 도움은 필요없다."고 입을 모은다. 박 양은 "공부는 어차피 혼자 하는 것이고, 막히는 문제가 있으면 기숙사에서 친구나 선배에게 도움을 청해도 된다."며 "선생님도 다들 친절해 학원 못 다녀 아쉬울 일은 전혀 없다."고 말했다.

학교를 가장 핵심적으로 드러내주는 것은 교육 프로그램이다. 아무리 훌륭한 설립이념과 비전을 제시해도 교육 프로그램과 괴리가 있다거나 제대로 실천하지 못한다면 의미가 퇴색될 것이다.

우리나라의 고등학교에서 교육과정 편성이라든지 수업일수 및 수업시수 확보, 학사일정 등은 대동소이한 것 같다. 거창고에서 실시하고 있는 차별화된 교육 프로그램을 살펴보면 다음과 같다.

창의적 체험 활동

"의대나 법대를 가기 위해, 일류대학을 가기 위해 공부하는 게 아니라 각자 자신에게 주어진 소명감을 가지고 꿈을 이루기 위해 공부한다. (중략) 아이들은 스스로 두세 시까지 공부하는 게 보통이고, 선생님들도 밤 자습에까지 찾아와 도움을 주시는 통에 야간학교인가 착각할 정도예요."

2학년 최 양은 거창고에서 비로소 스스로 공부한다는 게 어떤 것인지를 알았다며 그동안 자신이 어떻게 성장했는지를 이렇게 말하고 있었다. 창의적 체험 활동의 내용으로 자율 활동, 동아리 활동, 봉사 활동, 진로지도 내용을 담고 있고 그 구체적인 목표와 활동 세부내역, 방법 등은 학교 교육계획서에 구체적으로 제시되어 있다.

신앙적 인간 교육

성서의 정신을 교육의 못자리로 삼아 학교 내에서 이루어지는 모든 교육 활동을 펼쳐나가고, 성서적인 진리 안에서 교육의 나아갈 방향과 목적 및 방법을 찾고 있다. 또한 기독교 신앙을 바탕으로 '사랑과 정의와 평화'를 가르치는 학교를 강조하고 있다.

또한 거창고는 희생, 생명, 인권, 민주주의를 말하되 성서적인 맥락에서 이해된 개념으로써의 민주주의를 가르친다. 직업의 길도 이런 성서 이해의 관점에서 이해된 개념으로 가르친다. 더불어 살아가는 삶을 가르치며 어떤 사람이 되어야 하느냐를 가르치되, 어떤 꿈은 꿈이고 또 어떤 꿈은 꿈이 아닌가, 어떤 길은 맞으면서도 가야 하고, 어떤 길은 금을 준다 해도 가지 말아야 하는지를, 사람을 무엇으로 보아야 하느냐를 가르치되 이런 성서 이해의 관점에서 가르친다. 이런 성서 이해의 입장에서 역사를 보고, 사람을 보고, 문명을 보고, 내 옆에 친구와 사귀고, 세상에 나가서 기독교 신앙으로 가정을 꾸리고, 직업생활을 하고, 민주시민된 삶을 살아가도록 가르친다.

신앙적 인간 교육의 추진 방향을 ① 기독교 신앙으로 자기의 존엄성과 타인의 존엄성에 눈뜨는 교육, ② 기독교 신앙으로 생명가치에 눈뜨는 교육, ③ 마몬(돈을 비롯한 온갖 재물)을 추구하는 삶에서 뜻을 추구하는 삶으로 바꾸고, ④ 참과 거짓에 예민한 사람이 되고, ⑤ 자기 중심에서 타자 중심의 사람이 되며, ⑥ 한 개인의 인생의 궁극적인 목표는 참된 사랑의 사람이 되는 것임을 가르치고 ⑦ 기독교 정신을 바탕으로 한 민주 시민을 기르며, ⑧ 평화를 위해서 일하는 사람을 길러냄을 목표로 추진하고 있다.

독서 교육

거창고는 다양하고 체계적인 독서 및 관련 활동을 통해서 전인적인 인격 형성을 도모하기 위해, 교양 독서와 교과 독서로 구분하여 다양한 독서 활동을 추진하고 독서 결과물을 정리하고 기록한다. 교양 독서 활동의 세부 실천 계획으로는, 권장 도서를 선정하여 제시하고 독서 시간을 확보한다. 1, 2학년은 토요일 3, 4교시를 활용하며, 담임이 지도한다. 월 1회 이상 독후감을 쓰고, 이를 독서 교육 종합 시스템에 올리면 담임이 학생의 독후감을 읽고 승인하여 나이스(NEIS, 교육행정정보시스템)의 '독서 활동'란에 반영한다.

자치적이고 창조적인 학생 참여 활동

봄예술제 3일, 봄소풍 1박 2일, 가을예술제, 한나눔터, 거창고 학생회가 한 해 동안 주관하는 굵직한 행사만 이렇게 네 가지다. 이 외에도 합창제, 이웃돕기 바자회, 학생회장단 직접 선거도 축제처럼 치러진다. 행사는 길어야 3일이면 끝나지만, 기획 단계부터 운영·결산까지 행사 하나당 한 달은 족히 쏟아 부어야 한다. 학교는 학생회의 결정에 따라 필요한 비용을 지원하고, 교사는 말 그대로 참관만 한다. 동아리 조직이나 방과 후 수업, 특강 프로그램도 학생 건의 사항을 우선적으로 반영해 운영한다. 박치용 교장선생님은 "학교의 주인은 학생이고, 시행착오도 교육"이라며 행사에 대한 모든 일을 학생에게 맡기고 있다.

혹시 이를 시간 낭비로 여기는 학생은 없을까. 2학년 위 군은 "학교를 내가 만들어간다는 자부심이 생겨 학교의 모든 일에 애정과 관심을 쏟게 된다."고 말했다.

실제로 거창고 학생의 애교심을 확인할 수 있는 사례는 많다. 학생들끼리 '거창고를 위한 기도회'를 결성해, 매주 4번 점심시간에 모여 금식 기도 모임을 갖는 게 대표적이다. 번갈아가며 학교를 위한 기도 주제를 적어 오면 모임에 참여한 모든 학생이 함께 기도를 한다.

신입생 중에는 자율성을 강조하는 거창고의 독특한 분위기에 어리둥절해하는 학생도 꽤 있다. 1학년 박 양은 "3~4월에는 자율이 아니라 살짝 방종의 모습을 보이는 학생도 있었다."고 말했다. 그는 "기숙사 학교라 부모님 감시에서 벗어난 데다, 학교 분위기까지 자율적이니 몇몇 친구들은 공부는 안 하고 자유를 만끽하려는 모습을 보였다."며 "하지만 다들 목표가 분명한 애들이라 금방 제자리를 찾더라."고 했다.

민주시민 교육 및 국제화시대 교육

거창고의 프로젝트 '시티즌'은 학교에서의 '시민과 정부' 교육 및 민주주의 교육을 위하여 미국에서 시작된 프로그램이다.

유네스코협동학교(ASP-net)에서 추진하고 있는 청소년들의 교류를 통한 세계평화 추구라는 목표가 학교의 교육이념과 부합하여 2005년 2월 23일 유네스코협동학교에 가입하였다. 학교 교육은 단순히 공부를 통해서 경쟁에서 이기는 것만을 추구하는 것이 아니라, 궁극적으로는 모두가 하나 되어서 행복하게 살아가는 평화스러운 세상을 추구하되, 이런 세상을 만드는 일을 하는 사람들을 길러내는 것이어야 하고, 이를 위해서 거창고는 남을 위해서 나를 내어주는 '예수님의 사랑'을 가르치고 있다.

거창고의 오늘과 내일

거창고의 자율 교육철학은 교육계에 회자되는 숱한 전설로 남아있다. 5공화국 초기에 삼청교육대에 보낼 학생들을 선별하라는 지시를 받았을 때도 학교 측에서 끝까지 명단을 제출하지 않았다. 또한 '특정 교원단체에 가입한 교사가 많으니 해당 교사를 탈퇴시키라'는 교육부의 종용도 있었으나 학교측에서 교사에게 자율권을 맡겨 아무런 제재도 가하지 않았다. 이러한 사실이 알려지면서 교사들이 스스로 교육 혁신을 추진하고 학교 스스로 자율적인 바탕을 형성했다. 이렇게 외부적인 간섭이나 압력에 굴하지 않고 학교 스스로 결정하게 되자 학교에 대한 학생들의 신뢰도 높아졌다.

이러한 교사와 학생의 완전한 자율 교육 실현과 창의적인 실험학습의 결과는 뚜렷한 명문대 진학률로 나타나 자율 교육의 새로운 가능성을 보여주었다. 즉, 거창고등학교는 2013년 졸업생 114명 가운데 113명이 4년제 대학에 입학했다. SKY(서울대학교·연세대학교·고려대학교)에 27명, KAIST 1명, 교육대학 6명 등 수도권으로 77명, 지방대학에 36명이 진학(중복 합격 제외)했다.

소위 서울 강남의 교육특구나 특목고와는 확연하게 다른 '일하고 공부하는 전인 교육 실천'은 아이러니하게도 전국 최고 명문학교라는 놀라운 성과로 교육계에 의미 있는 가능성을 보여주었다. '세상 욕심과 거꾸로 살라는 학교'이지만 결과적으로 학생들은 희망하는 대학에 진학하고 있다.

전국적으로 학생을 모집하는 기숙형 자율학교인 거창고는 교복·통제 없는 고등학교다. 학생 자율성을 최대한 인정해주고 교사는 학생회가 결정한 사안을 도와주는 역할을 한다는 것이 거창고의 기본 운영방침이다. 이런 식으로 어떻게 학생을 가르칠까 싶지만 그 결과는 우리를 놀라게 한다.

신입생 전형

거창고등학교의 신입생 전형은, 학교 교훈처럼 전인적이고 창의적인 자율 인재를 배출하기 위한 거창고만의 전형으로 유명하다.

학생 자질 평가는 자기개발계획서와 교사 추천서를 중심으로 하고 있다. 자기개발계획서 평가 문항은 크게 세 가지다. '그동안 학습 계획을 세우고 평가해 온 자신의 학습 과정을 서술하고 이를 통해 느낀 점을 작성한 뒤 고등학교 입학 후 학습 계획·고교 졸업 후 진로 계획에 대해 기술하시오'가 첫 번째다. 자기주도학습능력 평가다. 두 번째는 '자신이 읽은 책 중 가장 인상 깊은 2권을 선정해 내용과 느낀 점을 기술하라'로, 독서능력과 사고력을 판별한다. 마지막은 '중학교 활동 실적 가운데 배려·나눔·협력·존중·갈등관리·관계지향성·규칙 준수와 관련된 사항 두 가지를 적고 이를 통해 배운 점을 구체적으로 기술하시오' 라는 인성 평가이다.

거창고의 신입생 전형은 모집지역은 전국이고 정원은 남녀공학 혼성 4학급(학급별 28명, 모집인원 112명)이다. 전형유형으로는 정원 내 유형과 정원 외 유형이 있다. 정원 내 유형은 자기주도학습전형으로 전체 모집정원의 80%인 89명(사회통합전형 9명 포함)을 모집하고 정원 외로 교육지원대상자 전형으로 3명, 특례입학으로 3명을 선발한다.

면접은 100점 만점에 30점을 배정하고 있다. 면접은 자기주도학습전형(사회통합전형 포함)의 1단계 합격자에 한하여 실시한다. 면접 방식은 제출된 자기주도학습 영역(꿈과 끼 영역)과 인성 영역의 기록물에 대한 평가를 바탕으로 진행한다. 면접 평가 결과는 총 30점 만점으로 산출하고 1단계 성적과 합산하여 최종합격자를 선발한다. 면접에서는 서류 내용을 확인하는 가벼운 질문을 한다. 면접 때 자주 묻는 질문은 크게 두 가지다. 사교육 도움 없이 혼자 공부할 수 있는지와 거창고 교육철학에 대해 평소 어떤 생각을 갖고 있었는지다. '우리 학교생활에 잘 적응할 수 있는지를 가려내기 위한 것'이다. 거창고에 합격하면 학원에 다닐 수도 없고 기숙사에서 모든 일을 혼자 헤쳐나가야 하기 때문에 의존적 성향의 학생은 선발하지 않는다. 면접 후 외부 전문기관(한국교육개발원)에서 실시하는 온라인 설문조사에 의무적으로 참여해야 한다. 면접에 응하지 않으면 불합격 처리한다.

학교 시설 및 환경

거창고등학교는 올해로 개교 62주년을 맞는 꽤 역사가 깊은 학교이다. 그러나 반세기에 가까운 역사만큼 학교 규모나 시설이 좋지는 않다. 거창고등학교는 본관, 강당, 직업보도관, 식당과 예배실이 건물의 전부이다. 그런데 이 건물들은 정부의 재정지원으로 짓지 않았다는 공통점이 있다. 본관과 강당은 고 전영창 교장이 미국에서 신학교 동창인 로버트 슐러 목사를 통해 모금한 돈으로 지었고, 직업보도관은 네덜란드 정부의 도움으로 지었으며, 식당과 예배실로 사용하는 2층 건물은 이 학교 7, 8회 동문들의 성금으로 지었다. 대통령이 우리나라를 대표할 만한 학교라고 칭찬을 한 이 학교의 건물을 동문이나 외국의 성금으로 지을 수밖에 없었다. 이 학교는 담과 교문마저도 없는 것으로 유명하다.

생활관 운영

현재 재학생이 360여 명인데 생활관에 입사한 남자 220여 명은 풀무관에서, 여자 120여 명은 금잔디관에서 생활하고 있다. 현재 재학생의 90% 정도가 생활관에서 지내고 있다.

아침 7시에 음악에 맞추어 일어나 7시 30분부터 식사를 하고 7시 50분까지 등교하여 오후 5시에 생활관으로 돌아온다. 오후 5시 30분에 저녁 식사를 한 후 오후 7시부터 학교에서 밤 자율 학습을 실시하고 오후 10

시 30분에 다시 생활관으로 돌아와 10시 40분에 청소한다. 11시 10분에 점호를 마치면 취침할 사람은 호실에서 잠을 자고 공부할 사람들은 자습실로 이동하여 학습을 한다. 학습 시간은 새벽 1시 30분까지 자유롭다.

생활관의 생활은 학교의 학사 일정과 동일하게 운영한다. 방학 동안에는 보충 수업이 있는 날에만 운영을 한다. 명절이나 공휴일에는 운영을 하지 않는다. 항상 학교 등교 하루 전에는 운영을 한다.

거창고등학교의 내일

현재 사회 각계각층에는 거창고 출신 인사들이 포진하고 있다.

거창고등학교에서는 책에서 소개한 것 이상으로 학생을 위한 다양한 프로그램들을 운영하거나 계획하고 있다. 빠르게 변화하는 시대에 학교가 세운 교육의 이상과 철학을 유지한다는 것은 매우 힘든 일이다. 그럼에도 불구하고 한해에도 많은 방문단이 학교를 방문하며 거창고등학교의 '인성 교육'을 벤치마킹할 만큼, 학교의 뚜렷한 교육관을 소신있게, 변함없이 지켜가고 있다. 이뿐만 아니라 대학입시에서도 좋은 성적을 거두고 있는 거창고등학교는 바야흐로 한국의 '명품고등학교'라고 하기에 손색이 없을 것이다.

학생의 정의적 영역과 인지적 영역 어느 한 쪽에 치우치지 않고 균형적인 성과를 내놓고 있다는 것은, 요즘의 우리나라 교육에 많은 시사점을 준다. 특히 특목고나 자사고가 아닌 일반고로서 이러한 성과는 매우 고무적이라 할 수 있다. 거창고등학교는 일반제도 교육의 틀 속에서 교육과정 운영이나 학교운영에 있어서 국가의 감독과 통제 하에 있음에도 불구하고 나름의 소신 있는 철학을 바탕으로 특성화된 교육 사업을 성공적으로 운영하고 있다.

거창고등학교는 일찍이 기독교 신앙의 바탕 위에 설립된 사립학교로서 초지일관 인성 교육, 전인 교육, 인간 교육을 선구적으로 추진해오고 있는 명품사학이다. 비록 큰 도시나 교통이 편리한 지역에 위치하고 있지 않아 애로가 없지 않고, 우람한 건물이나 최신 시설을 구비하고 있지 않지만 우수한 학생들을 유치하여 자율적인 혁신 교육을 면면하게 실천하고 있다.

박치용 교장은 입학식에서 다음과 같은 환영사를 하면서 학생들에 대한 간절한 소망을 강조했다.

첫째, 여러분들은 이 학교에서 공부하고 생활하는 3년 동안 좋은 친구들을 만나기를 바랍니다. 둘째, 혼자서 공부하고 살아가는 법을 배우기 바랍니다. 셋째, 더불어 살아가는 법을 배우기 바랍니다.

우리 학교는 단순히 학생들의 지식을 길러서 대학에 보내는 평범한 인문계 고등학교를 넘어서서 몸과 마음 너머의 그 분을 만나서 절대 정직하고 이웃을 진정으로 사랑하는 사람을 만드는 학교임을 항상 기억하고 생활해 주기를 바랍니다. 사회에 나가서 어떤 상황에도 정직하게 살 수 있는 준비를 하는 기간이기를 바랍니다. 어떤 경우에서도 이웃사랑을 실천할 수 있는 사랑을 준비하는 기간이 되기를 바랍니다.(2014. 3)

일찍이 서울의 모 대학교 부총장 초청을 마다하고 시골 오지에서 대한민국의 미래를 이끌어갈 인재들을 기르기 위한 일념으로 헌신해 오신고 전영창 교장님과 전성은 교장님, 도재원 교장님 그리고 현 박치용 교장님의 교육철학이 지금도 면면히 이어지는 거창고등학교. 선배 교육자들의 헌신과 사랑이 시간이 지날수록 아름답고 알찬 결실로 이어지기를 바라 마지않는다.

거창고등학교의 이모저모

합창제

연극제

봄소풍

가톨릭 정신을 바탕으로 한 인성 교육으로 실력까지 끌어올린 인성 교육의 대명사이다. 대건고의 설립정신인 '이선승지(以善勝之)' 즉, 선으로 악을 이기자는 정신이 학교 현장에서 이만큼 제대로 발현된 학교도 드물 것이다. 교장과 교사들의 비전과 열정은 '고급수학'이나 '심화영어'도 교사가 직접 가르칠 수 있는 역량을 발휘할 만큼 공교육의 강점을 제대로 승화시킨 명품학교 탄생의 저력이 되었다. 또한 교육 비전인 'PESS' 프로그램을 통해 신체적, 정서적, 영적, 지적, 봉사적 측면의 균형 잡힌 생명력 있는 전인적 교양인을 양성해 내 신앙을 바탕으로 한 공교육의 새로운 가능성을 보여주고 있다.

02
논산 대건고등학교

학력 신장의 토대 구축을
기반으로 한 인성 교육의 전당

대건고는 일찍이 바람직한 고교상으로 알려져 있는 학교다. 무엇보다 인성 교육의 바탕 위에 진학을 위한 실력을 쌓아가는 최적의 교육 프로그램들이 잘 어우러져 대입 진학에서 놀라운 성과를 내고 있다.

대건고의 건학이념은 가톨릭 정신을 바탕으로 한 이선승지(以善勝之, 선으로써 악을 이기자)에 두고 있다. 이러한 건학이념에 맞추어 대건고는 'PESS(Physical, Emotional, Study/Serviss, Spiritual)가 조화된 전인 육성'을 교육 목표로 설정해 실력 있는 전인적 인간을 육성하고 있다.

대건고는 2014년 수능에서 서울 강남의 유수한 명문고들을 제치고 전국 랭킹 56위를 기록한 명실상부한 명품고등학교이다. 여기에 천주교 재단의 지원 아래 이어온 전인 교육은 최근 대건고의 진학 실적에 풍성한 열매를 맺었다. 실적 경쟁 이전에 인성을 앞세운 교육을 추구해온 대건고는 2015년 수시에서 인성 교육 브랜드 'PESS'와 일반 고교에서 보기 드문 졸업논문제의 운영, 250여 개의 동아리 활동에 힘입어 '내신 대역전극'을 펼쳤다.

1946년 개교한 가톨릭재단의 사립학교(주보성인: 김대건 안드레아 신부)로 충남 논산시의 한적한 외곽에 위치하고 있다. 현재 학생 수는 718명으로서 24개 학급으로 편성되어 있으며, 80%의 학생이 기숙사에서 생활하고 있다.

대건고는 한 학년 8학급 240명의 소규모 학교. 적은 학생 수에도 불구하고 지난해 서울대학교를 비롯한 명문대와 주요 사립대에 대거 진학하는 눈부신 성과를 올렸다. 전영진 수석교사는 "정말 의도치 않게도 입학사정관제의 확대와 함께 대건고의 교육과정이 주목을 받고 있다."고 말했다. 대건고는 오래 전부터 공부만 시키는 교육보다는 다양한 적성 탐구와 개발을 격려해왔고 최근 주요 상위권 대학의 입학사정관전형 확대로 고무적인 성과를 거두고 있다.

더욱이 논산 대건고는 교육과정 운영에서도 효율적인 제도를 도입, 운영해 왔다. 1995년부터 수학·영어과 능력별 이동수업을 실시하였고, 2000년 OECD 교육 프로젝트 심사단 실사 결과 최우수 고교로 선정되었다. 또한 교육과정 최우수 학교(2005) 및 학력증진 공모제 최우수 학교(2006)로 선정되고, 지방교육혁신 전국대회 우수상(2007)을 수상하는 등 그 명성이 잘 알려져 있다.

신체적·지적·정서적·영적 요소가 조화롭게 계발된 인재 양성 교육

대건고 교장선생님과의 인터뷰를 통해 대건고의 인성 교육 방향을 짐작할 수 있었다. 강석준 전임 교장신부는 대건고의 가장 인상적인 성과를 이렇게 표현한다.

"대건고의 가장 큰 성과는 아이들의 얼굴에서 가면을 벗겨준 일이다. 교장으로서 무엇보다 자랑스러운 것은 인성 교육을 어느 정도 정착시킨 일이다. 사람들은 인성 교육의 가시적인 성과가 무엇이냐고 묻고는 한다. 전에는 인성 교육의 성과란 일생을 통해 드러나는 것이라고 대답했지만 뭔가 아쉬웠다. 인성 교육의 성과를 알게 된 지금은 다르게 대답한다. 인성 교육의 가시적인 성과는 바로 아이들의 얼굴에서 가면이 벗겨지는 것이다. 우리나라 아이들은 초등학교와 중학교를 거치며 세상이 정해놓은 틀 안에서 살아남기 위해 본래 모습을 잃고 가면을 쓰게 된다. 인성 교육은 그런 아이들이 마음을 열고 서로 마음으로 소통할 수 있게 돕는다. 차츰 아이들 스스로 가면을 벗고 본래의 순수하고 온화한 눈빛으로 변화하는 것을 목격했다. 인성 교육으로 순수성을 회복시켜주고 나아가 아이들에게 올바른 가치관을 심어준 데 대해 교육자로서 큰 보람을 느낀다."

대건고는 교육의 본질에 바탕을 두고 인간다운 인간을 육성하는 것에 역점을 두고 있다. 인간다운 인간이란 전인적 인간을 뜻한다. 전인적인 인간은 인간을 구성하고 있는 기본적인 요소, 즉 신체적·지적·정서적, 그리고 영적인 요소들이 조화롭게 계발된 사람을 일컫는다. 따라서 전인적 인간은 다름 아닌 건강한 신체와 더불어 올바른 지식과 인격을 갖춘 사람을 의미한다.

대건고는 리더십의 가장 중요한 덕목으로 올바른 품성과 역량을 들고 있다. 올바른 품성은 정서적 측면의 감정조절능력과 성숙한 대인관계 유지능력과 더불어 영적 측면의 바른 윤리관의 함양에서 비롯되며, 역량은 신체적 건강과 지적능력의 조화로부터 나오게 된다는 점을 강조한다.

또한 대건고의 교육 비전은 '학생이 행복한 학교'가 되도록 하는 데 있다. '학생의 행복'이란 개인 역량과 품성이 균형과 조화를 이룸으로써 달성될 수 있다고 본다. 건강한 신체와 EQ(감성지능)와 SQ(영성지능) 중심의 인성 교육 프로그램과 학력 신장 프로그램을 개발 운영하고 있으며, 인성을 토대로 한 학력 신장을 꾀하고 있다.

PESS 프로그램

PESS 프로그램은 학생의 행복을 가능하게 하는 구체적 프로그램이다. 학생이 행복한 학교가 될 수 있도록 하기 위해 대건고는 'PESS의 조화로운 목표 달성'이라는 구체적 전략을 세우고 PESS의 조화라는 교육 목표를 달성하기 위해, PESS 중심의 교육과정을 편성하여 운영하고 있다.

① 교육 비전으로서의 PESS

교육의 비전은 교육의 본질에 바탕을 둘 때만이 생명력을 갖는다. 교육의 구현을 나무로 표현해 보면 생명의 근원인 뿌리(교육의 본질)에서 받아들인 자양이 줄기(교육의 목표)를 통해 가지(실천 프로그램)로 전달될 때 그 가지에 튼실하고 좋은 열매를 맺을 수 있기 때문이다. 이와 같은 원리를 실제 교육에 적용한 것이 논산 대건고의 PESS 프로그램이다.

② 전인적 차원에서 균형과 조화를 추구하는 교육 목표

PESS는 신체적(Physical) 측면과 정서적(Emotional) 측면, 지적·봉사적(Study/Service) 측면, 영적(Spiritual) 측면의 목표를 의미한다. 이는 역량(신체적, 지적)과 품성(정서적, 봉사적, 영적)의 조화를 이룬 전인적 인간을 육성하고자 하는 대건고의 핵심 교육 프로그램이다. 보통 전인적 차원의 교육은 인성과 학력의 수평적 조화를 추구하지만, PESS 프로그램은 영성을 중심으로 한 인성과 학력의 수직적 관계를 통한 조화를 의미한다.

첫째. 신체적 역량 계발(건강인) | 신체적 역량은 자신의 능력을 발휘할 수 있게 하는 기본적 조건이다. '건강한 신체에 건강한 정신이 깃든다.' 여기서 건강한 정신은 바른 품성과 높은 지적 역량으로 해석된다. 또한 이 말은 '바른 품성과 높은 지적 역량의 조건은 건강한 신체'라는 의미를 함축한다. 신체적 역량은 건강을 유지하여 세상을 건강하게 볼 수 있는 역량이다. 따라서 신체적 역량 강화는 교육의 핵심 목표의 하나이다. 이를 해결하기 위해 논산 대건고에서는 등교와 함께 전교생이 아침 줄넘기로 하루를 시작한다. 또한 스포츠클럽이 활성화되어 점심시간과 저녁시간을 이용하여 활발하게 활동을 하고 스포츠클럽 대항전을 연중 실시한다. 또한 연 1회 2일간의 전체 체육대회는 물론 연 2회 학년 체육대회를 통해 신체적 역량을 기른다.

둘째. 정서적 품성 계발(감성인) | 현대 사회는 지적 역량 못지않게 감성적 품성을 중시하고 있다. 대건고에서는 예술적 감수성 계발은 물론, 도덕적 감수성 및 사회적 감수성, 생태학적 감수성의 계발에도 매진하

고 있다. 감성적 품성의 배양은 올바른 인성을 갖춘 인간을 육성하는 것에 국한되지 않고 창의적 인재를 기르는 데에도 필요하다. 창의성을 기르기 위해서는 사고가 유연하고 풍부한 감성에 바탕한 융합적 사고가 필요하다. 이러한 정서적 품성의 배양은 창의인성 교육의 중요한 과제이다. 따라서 대건고는 다양한 인성 교육 프로그램을 개발하여 운영하고 있다.

셋째, 지적 봉사적 역량 계발(지성인) | '아는 만큼 보이고, 관심이 있는 것만 보인다.'는 말이 있다. 이는 지적 역량과 지적 호기심에 따라 창의적 능력에 차이가 날 수 있음을 지적한 말이다. 따라서 지적 역량은 모든 판단의 준거이자 창의적 능력의 기초가 될 수 있다. 지적 역량에 따라 실현 가능성이 높은 가설들을 세울 수 있고 이를 끊임없이 탐구하고 증명하는 과정을 통해 새로운 것을 창조할 수 있다. 그러므로 지적 역량이 바탕이 되지 않는 상상력은 공상이 될 가능성이 높다. 이런 의미에서 지적 역량의 강화는 창의인성 교육의 중요한 과제가 된다. 대건고에서는 학생 맞춤형 교육과정으로써 수준별 수업(영어, 수학), 과목 선택별 수업(사회, 과학), 교사 선택별 수업(국어) 등을 계획하여 운영하였다. 또한 고급수학의 기본, 심화영어 등 특목고가 운영하고 있는 과목들을 개설하여 수월성 교육에 대한 학생 욕구를 수렴하는 한편 물리실험, 화학실험, 생명과학실험 과목을 개설하여 일반고에서 자칫 소홀해질 수 있는 부분을 보완하고 있다.

넷째. 영성적 품성 계발(영성인) | 지적 역량과 정서적 품성이 중요한 것이 사실이지만 어디까지나 그것은 제한적이다. 즉, 인간의 사고가 미

치는 범위 내로 한정되는 지식에 대한 맹신에 빠지거나, 지극히 인간의 주관적 감정을 중시하는 태도로 치우칠 때에는 본질적 진리에서 멀어질 수 있다. 이러한 한계를 극복하기 위해 필요한 것이 영성이다. 영적지능(SQ)은 인간이 어떤 의미와 가치의 문제를 다루고 해결하려 할 때 사용하는 인간지능이며, IQ와 EQ가 효과적으로 기능하도록 도움을 주어 상승효과가 생기게 하는 인간의 영적인 지능이다. 영성적 품성 계발을 위해서 주 1회 명상의 시간을 운영하여 개인적으로는 깊이 있는 사고를 배양하고, 생각 나누기를 통해 다양한 관점의 사고를 기르도록 하며, 세족례를 통해 섬김을, 성모의 밤 행사를 통해 사랑과 헌신을, 교복 물려주기 행사와 한 끼 100원 나눔 운동 등을 통해 나눔을 배우고 실천하도록 한다.

인성 교육 패러다임

강승구 교장선생님은 "인성 교육은 학력 신장의 기초이다."라는 말을 자주 하신다. 대건고의 인성 교육의 핵심이 되는 PESS 프로그램은 명품 교육 목표이며 과정이다. 대건고에서 얻은 가장 인상적인 성과는 무엇보다 인성 교육을 정착시킨 일이다. 인성 교육의 가시적인 성과는 당장에 나타나는 것이 아니다. 그것은 일생의 삶을 통해서 드러난다. 인성 교육은 순수성을 회복시켜주고 아이들에게 올바른 가치관을 심어주는 것으로부터 시작된다.

① 창의 인성 교육을 통한 올바른 가치관 형성

대건고는 창의 인성 교육을 강조한다. 특히 교과별로 지식 내용을 평가하고, 학생의 삶과 연관을 지어 지식을 내면화시키는 것이 특징이다.

그리고 자기 발표를 할 수 있는 기회를 준다. 예컨대, 화학 실험 후에 실험 결과를 자기의 삶과 관련지어 설명할 수 있도록 한다.

대건고에서는 일반적으로 생소하거나 어렵게 느껴지는 영성 교육이라는 말을 보편적으로 받아들이면서 적용 범위를 확대해 가고 있다. 강승구 교장선생님은 학생들이 자아의식, 친교의식, 역사의식, 생명의식, 존재의식을 갖게 될 때 많은 성장을 기대할 수 있다고 말한다.

② 논리적, 독창적, 창조적인 5가지 의식 개발 교육

대건고의 인성 교육은 지식 교육이나 정서를 계발하는 것으로 머무르지 않는다. 지식이나 정서를 계발하여 이를 내면화하여 삶으로 드러나게 하는 것이 진정한 인성 교육이라는 관점을 갖고 있다.

대건고의 인성 교육 프로그램은 매우 논리적이고 독창적이며 창조적이다. 역량과 품성이라는 기초 위에 가치의 내면화 과정, 즉 의지를 갖게 하고 행동으로 실천하게 하여 바람직한 삶을 영위하도록 하는 것을 인성 교육의 지향점으로 상정한다. 이를 위해서 인성 함양을 위해 의식 계발에 중점을 두어야 한다는 점을 강조한다. 이 학교의 인성 교육 프로그램은 다섯 가지 의식을 개발하는 데 있다. 즉 ① 자기와의 만남인 자아의식, ② 타인과의 만남인 친교의식, ③ 다른 생명과의 만남인 생명의식, ④ 사건과의 만남인 역사의식, ⑤ 사물과의 만남인 존재의식이라는 다섯 가지 의식을 갖도록 한다. 여기서 자아의식은 자기 정체성의 정립을 기반으로 자아존중, 자기관리, 도덕적 자아를 지향한다. 친교의식은 타인과의 관계 속에서 차별이 아닌 차이를 인정하고 역지사지(易地思之) 할 수 있는 관점과 의식을 계발하고, 소통과 공감의 만남을 지향한다. 생명의식은 생명존중과 생태학적 감성 및 생명 중심의 의식을 계발하는 것이다. 역사의식은 역사적 사건의 의미, 현 시점에서의 나의 행위에 대한 역사적 의미 등을 성찰하도록 하는 것이다. 존재의식은 나와 존재와의 관계, 존재의 속성과 본질의 의미 등을 성찰하는 것을 의미한다.

교사와 학생이 주도적으로 참여하는 자치 교육

대건고의 수업은 교실에서만 이루어지지 않는다. 시간과 장소를 불문하고 학생들에게 교육적인 효과가 있다고 판단되는 방법들은 총체적으로 다 활용하는 것이 대건고의 오랜 교육 전통이다. 선생님들이 학생들에게 주는 과제물이나 수행평가도 매우 다양하다. 책 읽고 리포트 쓰기, 짧은 연극을 만들어 공연하기, 팀을 짜 한 주제에 대해 함께 발표하기 등 학생들이 자유롭게 고민하고 공부할 수 있는 다양한 과제들이 주어진다. 학생들도 선생님의 다양한 과제들에 대해 별 부담 없이 늘 하던 대로 자유로운 분위기 속에서 적극적으로 참여하고 주체적으로 사고하는 공부를 하고 있다.

2학년 최 군은 지난 1학기에 이어 2학기에도 계속해서 미국정치에 대한 연구토론 과제를 수행하고 있다. 최 군은 다른 친구들이 발표한 자료를 토대로 자신이 잘 알고 있는 부분과 그렇지 않은 부분을 확실히 알 수가 있다고 한다. "무엇보다 여러 친구들이 공통주제에 대해 다양한 의견들을 제시하게 돼 미국의 정치와 한국의 정치 형태를 비교해 보는 흥미로운 수업시간이 됐습니다."

이처럼 대건고에서는, 선생님과 학생이 격의 없이 의견을 나누고 다른 학생의 의견을 경청하는 수업 분위기가 제대로 자리 잡았다. 바로 대건고가 강조하는 인성이 바른 청소년 육성이 수업시간이나 일상생활에 그대로 녹아 있는 분위기이다. 이는 대건고가 자랑하는 가톨릭 정신을 기반으로 교사, 학생이 혼연일체가 되어 학부모들이 공교육을 신뢰할 수 있게 하는 인성 교육의 새로운 가능성을 보게 되는 것이다.

사교육 없는 공교육 자립학교

대건고는 '공교육이 지향하는 이상적인 모델'이라는 평을 듣기도 한다. 논산 대건고에는 과외하는 학생이 거의 없다. 이 학교는 지역적으로 상황적 조건이 있기는 하지만 학생 자신의 자기주도적 학습으로 만족할 만한 효과를 달성할 수 있다. 선생님의 경우 다른 학교와 비교해서 이렇다 할 특별한 보상이 있는 것은 아니다. 선생님들도 학생지도에 힘을 쏟느라 힘이 든다. 그러나 이 학교 선생님들은 소명의식이 남다르다. 교육관이 투철하다. 그래서 보람과 긍지를 느끼면서 교직을 수행한다. 이렇게 해서 또 하나의 명품학교, 논산 대건고등학교가 탄생한 것이다.

또한 고교 교육력 제고 사업의 일환으로 심화과정을 운영할 때에도 학교의 교사들이 적극적으로 연수에 참여함으로써 고급수학 강의나 심화영어 강의를 교사들이 직접 할 수 있는 역량을 갖추게 되었다는 점에서 다른 학교와 차별화된다.

다양한 동아리 활동을 통한 인성과 학력 신장 도모

"이쪽으로 패스해." 길거리 농구장을 연상시키는 운동장 한편 자투리 공간에서 아이들의 농구경기가 한창이다. 2학년 김 군이 쏜 공이 커다란 포물선을 그리며 농구골대 안으로 빨려들어가자 '와!' 하는 함성과 함께 동료 학생들이 얼싸안고 껴안으며 짜릿한 승부의 세계를 만끽한다.

대건고에서는 각종 운동경기로 땀을 흘리는 학생들을 심심찮게 발견할 수 있다. 학교에서 마련한 다양한 학습 프로그램과 인성 교육 프로그램을 운영하고 있지만 타 학교에 비해 그리 빡빡하게 짜여 있지 않다 보니 학생들의 운동 활동이 비교적 많은 편이다. 김 군은 입학 초기에 익숙지 않은 기숙사생활로 유난히 집을 그리워하며 잠깐 향수병에 시달린 적이 있었다. 그런데 같은 방 친구들과 틈만 나면 축구나 농구, 탁구 등 운동경기에 몰두하면서 자연스럽게 학교생활에 적응할 수 있었고, 이제는 자신이 원하는 스포츠 동아리에 들어가 열심히 참여하고 있다. 사실 대건고의 다양한 동아리 활동은 이 학교만의 인성 교육과 자기계발 교육을 실현하는 중요한 학교 활동의 일환이다.

대건고는 전인 교육을 내세우는 학교답게 다양한 활동을 적극 보장하고 있다. 스포츠 동아리(54개), 정서 동아리(47개), 학습 동아리(154개), 봉사 및 단체 활동 동아리(30개)가 있다. 이들 중 스포츠 동아리는 모든 학생이 필수적으로 참여하도록 되어 있다. 대건고는 신체적인 면을 가장 중시하고 강조하는 것이 매우 인상적이다. 오전 7시 30분 등교하자마자 전교생이 담임교사와 함께 줄넘기를 한다. 스포츠 동아리는 54개 동아리가 있다. 탁구, 축구 등을 포함한다. 스포츠는 학생회 주관으로 학기 중 리그 경기 일정이 모두 정해져 있다. 매우 흥미로운 활동들이다.

대건고의 동아리 운영은 학생자율로 진행되는 특징이 있다. 3학년 이군은 "건축에 관심이 많아 건축 동아리 '빌드업(Build up)'을 창단해 활동했다."며 "설립 절차가 간단했고, 선생님께서는 관리만 해주시고 우리 스스로 주도해 운영해 왔다."고 전한다. 경쟁을 통해 일명 '동아리 명문클럽'이 탄생하기도 한다. 풋살 동아리 외에도 음악 관련 동아리가 12개, 농구 동아리가 10개, 봉사 동아리가 11개나 된다.

해외에서도 주목하는 학습 동아리 활동

대건고에서는 학생들끼리 자발적으로 만든 학습 동아리가 많다. 부족한 부분을 스스로 찾아서 공부하고 서로 알려주니 자기주도적인 학습 태도가 자연스럽게 길러진다. 선생님은 학생들이 학습 동아리를 만들어오면 일지를 검사해주고 방향을 잡아준다. 자신들이 직접 만든 학습 동아리를 선생님이 인정해주니 학생들은 신이 나서 더 열심히 한다. 야간 자율학습은 강제가 아님에도 80퍼센트가 넘는 학생들이 매일 참여한다. 공부하는 분위기가 형성되어 있으니 학생들은 자연스럽게 주도적으로 학습하는 태도를 기른다.

대건고의 학습 동아리는 매우 활성화되어 있다. 학습 동아리는 자연과학 63개, 사회과학 56개, 인문과학 14개, 자기주도학습 6개가 활동중이다. 논산 대건고의 독특한 전인 교육 체계는 해외에서도 주목하고 있다. 대건고는 2000년 'OECD 최우수학교'로 선정됐는가 하면 2007년에는

'포스코 청암 교육대상'을 수상했다. 대건고가 선보인 공교육 모델은 해마다 명성을 더해갈 전망이다.

학습 동아리는 방과 후 시간이나 토요일, 휴일에 활동하며 주제토론 및 탐구실험, 과제연구 등으로 이루어지며 학술제를 통하여 학습 동아리 발표대회가 열린다. 또한 학습 동아리 활동을 통해 논문제에 참여하여 논문집을 발간하는 등 전문교과 소양 및 진로맞춤형 교육이 이루어지고 있다. 활발한 동아리 활동으로 대외적으론 전국청소년과학탐구대회 참가, 전국과학동아리발표대회 참가, 충남과학과제연구발표대회 참가(25개 동아리 참가), 충남수학과학체험캠프 참가 등 다양한 교육기부행사에도 참가하고 있다.

대표적인 과학 동아리 '이과수'는 제22회 전국과학동아리발표대회에 참여하여 입상하였고, 과학 동아리 'JYJ'는 제32회 전국청소년과학탐구대회에 참가하여 금상을 수상하기도 하였다. 또한 전국연합 동아리인 'HiBio(하이바이오)'는 'Highschool Biology'의 줄임말로, 논산 대건고, 대덕고, 김해고, 인명여고, 석정여고, 용호고, 영선고, 백석고, 수내고의 생명과학 학습 동아리에 소속된 286명의 학생들이 함께 활동하고 있으며 네이버 카페를 개설하여 서로의 실험 결과에 대해 토의하고 정보를 공유하고 있다.

또한, 수학 학습 동아리 'HOMR'은 대한청소년수학회에 가입되어 있으며, 제1회 대한청소년수학학술회에 참가하였고, 지난 8월 세계수학자대회(ICM)에서 Field상 수상자인 세드릭 빌라니와의 만남을 갖기도 하였다.

학습 효과 극대화를 위해 교사들이 직접 만든 학생맞춤형 교육

공교육의 힘으로 모든 것을 해결하기 위해 대건고의 교사들은 학생보다 열심히 배워야 했다. 2006년 논술이 대입의 주요 전형요소로 부상하자 논산 대건고의 전 교사가 1년에 걸쳐 주말마다 서울에 올라가 논술공부를 하기도 했다. 이러한 교사들의 열정은 교장과 교사들의 공유 가치와 비전에서 비롯된 것으로 볼 수 있다. 그것은 교육의 본질적 가치가 무엇인지 분명히 알고 그 가치의 중요성을 인식하는 것이다. 역대 학교장은 교육의 본질에 토대를 두고 교육 실천을 구체화하고 교사들과 비전을 공유해 왔다.

"제가 만약 대건고에 오지 않았다면, 저는 지독한 공부벌레가 되어 있었을 겁니다."

대건고 2학년 강 군의 말이다. 강 군은 일반 학교를 다니는 대부분의 학생들이 과외와 학원을 전전하며 시험을 위한 공부만을 한다는 사실을 잘 알고 있다. 그런데 대건고에서는 학교 수업이나 기숙사생활에서 '인간 중심의 프로그램'을 운영하다 보니 모든 활동들이 살아 숨 쉬는 것 같이 역동적이고, 예의바른 행동을 할 수밖에 없어서 학교생활이 무척 보람 있다고 말한다. 실제로 교과 외에 다양한 활동을 할 수 있어 학교생활이 마치 종합 비타민과 같았다고 추억하는 졸업생들이 많다.

학습 효과 극대화를 위한 교사-학생 중심의 학교운영

대건고의 학교조직 운영체제는 다음과 같은 특성이 있다.

첫째, 학교의 운영은 학년부장을 중심으로 운영하는 학년 중심 시스템이다.

학생 교육에서 학생과 가장 밀접한 학년을 중심으로 부서나 교과부서가 학년을 지원하도록 학교가 구조화되어 있고, 의사결정의 상당부분을 학년부장에게 위임하고 있다.

둘째, 학교 수업의 효과성을 위해 끊임없이 노력하고 있다.

전 교사가 1년에 1회 이상 수업공개를 하고 이를 바탕으로 수업모형이나 수업내용의 적절성, 교수학습법 등을 토의하고 다른 수업에 반영함으로써 수업의 질을 높이고자 노력하고 있다.

셋째, PESS 프로그램으로 수업체제의 새로운 발전을 꾀한다.

대건고에서는 본질적인 자아를 만나면 사고가 재구조화되어 삶의 형태가 변화된다는 교육철학을 바탕으로, 학생들이 입학하면 먼저 사회적으로 무엇이 되고자 하는지 동기를 부여한다. 그리고 10년 후 자신의 모습을 설정하여 목표의식을 갖도록 지도하고 있다. 학생들은 PESS 플래너를 활용하여 매일의 목표를 정하고 반성하며, 교사는 매주 이를 점검하는 구체적인 인성지도를 실시하고 있다. PESS 플래너는 보다 나은 미래를 위한 자기와의 약속이며 대화의 장이다. 플래너는 나의 이력서, 약정서, 달력, PESS의 네 가지 측면에서 개발된 연간목표와 월간목표 및 주간목표로 구성되어 있다. 플래너를 바탕으로 팀 토론이 가능하고 학생지도가 명확히 이루어진다.

학생이 필요한 것만 선택하는 교과교실제

2학년 양 군은 과거의 학습 습관 때문에 입학 초기에 고전한 경험을 이렇게 털어놓았다.

"중학교 시절 습관이 남아 있어 수업 시간에 모르는 게 있어도 대충 넘어갔습니다. 그런데 그런 상태로 한두 달 시간이 지나니 수업을 제대로 안 듣고는 내용을 이해할 방법이 없었습니다. 한마디로 학과 수업에서 모든 게 비롯되더군요. 시험문제는 말할 것도 없고, 평소에 치르는 쪽지 시험에서 수행평가까지 뭐 하나 수업시간에 선생님께서 하신 말씀이 아닌 게 없었습니다. 그 후로 선생님의 농담까지 적어가며 수업에 집중했습니다. 그리고 모르는 게 있으면 기숙사에 가서 학습 멘토에서 물어서 알고는 했습니다."

대건고는 학생들의 80%가 기숙사생활을 하고 있다. 기숙사에는 국어, 수학, 과학 등 특정 과목에 우수한 실력을 갖춘 학생들이 학생들 사이에 학습 멘토 역할을 하고 있다. 주로 주요과목에 10명 정도가 학습 멘토로 활동한다. 또 10~20명의 학생들이 학습 동아리를 만들어 심화학습을 하거나 서로를 가르친다. 바로 자주 · 협력학습이다.

대건고는 교과 교육에 있어서는 자체 노하우가 충분하다. 대건고는 선진형 교과교실제 실시로 일방적인 주입식 교육의 한계를 극복했다. 교과교실제를 수준별 수업과 연계, 학생들이 자신에게 맞는 수업과 교사를 선택할 수 있도록 했다. 학생 간 수준차가 심한 영어와 수학의 경우 심화와 보통, 기초 등 3개 반으로 나눈 'N+1' 수준별 이동수업을 실시하고 있다. 학습 동아리가 매우 활성화되어 있는 것도 특징이다. 학습 동아리 활동 결과를 논문 형태로 발표하고 그 결과는 논문집으로 발간한다. 소논문집 발간은 학생들의 역량을 강화시키는 데 매우 효과적이다. 학부모들의 반응도 긍정적이다.

진로 맞춤형 소논문제

진로 맞춤형 소논문제도 대건고의 자랑 가운데 하나이다. 학생들은 1학년 때 자신의 전공을 탐구한 뒤 2학년이 되면 졸업생 멘토의 도움으로 구체적인 논문 주제를 설정한다. 1년여의 탐구 활동을 거쳐 3학년 1학기에 열리는 '대건제'에서 논문 발표회를 갖는다. 학생들의 논문 수준은 학사논문에 필적한다는 평가를 받는다. 논문제를 시작한 배경을 소개하면 다음과 같다. 어느 반에서 10여 등 하던 학생이 있었다. 이 학생에게 선생님이 수행평가로 포트폴리오를 만들어 보라고 했다. 그런데 이 학생은 학생 자신의 관심분야인 '메카트로닉스(전기전자)' 분야를 논문 수준으로 작성해 왔다. 선생님은 깜짝 놀랐다. 이 학생은 그 후 수능으로는 지방 거점대에 갈 수준에 불과했지만, 전공지식과 열정을 높이 평가받아 연세대학교 기계공학과에 합격했다. 그것은 대단한 이변이었다. 그 졸업생은 현재 삼성연구소에서 로봇 공학자로 일하고 있다. 논문 지도의 위력을 확인할 수 있는 사례이다. 대건고에서는 인문사회분야와 자연과학분야로 나누어 논문 발표를 하고 논문집을 발간하고 있다.

학생 맞춤형 교육과정 운영

대건고는 교육과정을 다양화하여 사회과목은 학생들이 꼭 필요한 최소한의 과목만 수강하도록 교육과정을 편성하여 운영하고 있으며, 고급 수학의 기본, 심화영어, 화학실험, 물리실험, 생명과학실험 등 전문심화 교과를 개설 운영한다. 또한 전 교과를 File 학습 및 논술식으로 수업을 진행하고 있다. 국어과는 토론식 수업, 사회과는 고공학습으로 수업, 과학과는 선택별 탐구토론식 수업을 수행하고 있다. 수학·영어과는 수준별 이동수업을 하며, 수준별 교재를 개발하여 지도하고 있다. 학교에서 재정을 투자하여 2년간 준비한 결과 국어, 영어, 수학, 사회, 과학 교사는 모두 논술 2급 자격증을 소유하고 있다.

대건고의 오늘과 내일

대건고등학교는 현재의 우리나라 공교육의 현주소와 해법에 대해서 확실한 대안을 갖고 있다. 강석준 전임 교장신부는 "현재 공교육의 현주소는 교육의 본질에 비추어서 교육의 방향을 정하기보다는 지극히 현상적인 '사교육비 절감'이라는 거울에 비추어서 모든 교육 문제를 재단하고 방향을 설정하는 수준에 머물러 있다"고 지적한다. 한마디로 현상이 바뀔 때마다 또 다른 문제가 드러나는 악순환이 반복되는 이유가 여기에 있다는 것이 강 교장신부의 지적이다. 그러면서 "현재의 대입제도는 학생의 의식수준까지 평가할 수 있어야 하며 그렇게 되면 자연히 교육개혁이 이루어질 것이다."고 진단한다. 그러면서 "교사는 아이들에게 단편적인 지식을 전달하는 데 그치지 않고 아이들이 배운 지식을 내면화해 깊이 있는 수준까지 이를 수 있도록 돕는다면 자연히 사교육이 줄어들 수밖에 없다."고 진단한다.

강 교장신부가 제시하는 공교육의 나아갈 방향도 결국은 교사의 열정에서 비롯된다. 그는 바로 대건고 전 교사가 1년에 걸쳐 서울에서 논술지도사 자격을 취득하는 대단한 열정과 성취가 바로 우리 공교육이 가야 할 올바른 길임을 힘주어 역설한다.

강 교장신부의 오늘의 공교육이 나아가야 할 길, 해법은 명쾌하다.

"교사들의 열정을 이끌어내는 비결은 그 조직이 공유하는 비전을 제시하는 것이다. 나는 교사들에게 아이들을 사랑으로 이끌어가는 교육적 본질을 달성하기 위한 방안을 제시했고, 교사들은 그 비전에 공감했다. 어떤 비전이 누구나 그렇다라고 인정할 수 있는 본질에 바탕을 두고 있을 때, 그 비전은 조직을 하나로 모으는 힘을 갖는다."

이러한 교사들의 열정은 아이들에 대한 사랑에서 비롯되는 것을 강조한다.

"아이들에 대한 사랑이 없으면 교사로서의 삶의 의미와 목표가 사라지지 않겠는가. 모름지기 교사라면 우리 아이들이 어떤 사람으로 성장할지, 원하는 것은 무엇인지를 고민해야 한다. 우선 알아야 무엇이든 줄 수가 있다."

대건고 1학년 주임선생님의 전언이다.

서울대학교의 한 입학사정관이 대건고에 대해 '공교육이 지향하는 가장 이상적인 모델'이라 평했다. 이 말은 곧 대건고의 앞으로 나아갈 바와 크게 다르지 않다. 이는 곧 교장신부님의 마지막 공교육의 희망에 대한 아름다운 제안과 동일하기 때문이다.

"공교육이 올바른 방향으로 가려면 교육의 본질을 놓치지 말아야 한다. 교육을 나무로 비유하면 본질은 뿌리이고 비전은 줄기, 구체적인 프로그램은 가지로 비유할 수 있다. 결국 교육이 생명력을 유지하기 위해선 모든 프로그램들이 교육의 본질에 바탕을 두고 있어야 한다. 교육의 본질은 전인적으로 성숙한 인간을 만드는 데 있다."

대건고등학교의 이모저모

축제

전통놀이

집단상담

동산고등학교는 자율형 사립고등학교로 '사람다운 사람을 만든다'는 교육이념으로 인성과 실력이 뛰어난 좋은 교사를 모시는 데 최우선의 가치를 두고 있다. 동산의 독특성이라면 바로, 인격적인 하나님을 만나면 변화된다는 것과, 교사를 통해서 하나님의 뜻이 전달된다는 것, 성경말씀을 통해서 꿈이 만들어져가는 것을 강조하고 있다. 세상에 희망을 주는 명품학교를 만들기 위한 동산의 노력은 설립자를 비롯한 모든 구성원들로부터 하나님의 향기가 퍼지고 있다.

03
안산 동산고등학교

하나님의 사랑으로
넓고 큰 꿈을 키우는 터전

경기도 안산시 상록구 충장로 56에 위치한 안산 동산고등학교는 장로교 계열의 자율형 사립고등학교이다. 동산고는 기독교 정신과 대한민국의 공교육이념을 바탕으로 지역사회 발전에 이바지하고 통일시대를 대비하여 미래를 이끌어갈 유능한 인재를 육성하기 위해 설립된 학교이다. 학교 설립에는 안산동산교회 김인중 목사를 중심으로 교우들의 기도와 헌금으로 새로운 학교, 꿈이 있는 학교를 만들자는 남다른 의미가 담겨 있다.

"평생의 동지가 될 만한 친구를 얻었고 미래를 준비하기 위한 지식도 배웠지만 어떻게 살아야 하는지에 대해서 더 많이 배웠습니다."

"저는 여기서 신앙의 싹을 틔웠고 이제 남을 위해 기도할 줄 아는 사람으로 태어났습니다. 성령을 사모하며 우리 개인의 영혼을 살피는 선생님의 은혜에 무한한 감사와 존경을 드립니다. 샬롬!(히브리어로 '평화', '안녕하세요')"

디지털 영상 졸업식에서 졸업생이 자신의 고교 시절을 돌아보며 한 이야기다.

고등학교는 사회 진출과 대학 진학의 디딤돌 역할을 하는 교육과정이다. 자연히 학생들은 미래에 대한 설렘과 불안 그리고 지식에 대하여 갈망한다. 때문에 많은 학교에서는 학생들의 미래를 위해 많은 방안을 모색하고 실천하려 한다. 그러나 미래에 대한 준비의 일환으로 지식을 쌓는 것으로 대체하는 경우가 대부분이다. 지식도 중요하지만 그 지식을 어떻게 활용하여 삶을 가꾸어 갈 것인지는 미흡하다.

가고 싶은 학교, 머물고 싶은 학교를 지향하는 인성 교육 실천

"제가 이곳에 온 것이 우연이 아니라 주님이 예비하심 가운데 계획된 일이었구나 하는 깨달음은 정말 은혜롭고 값진 일인 것 같습니다. 2학년이 되어, 새로 들어온 새내기 후배들을 보면서 그런 생각이 더 많이 들었습니다. 1년 동안 상록학사에서의 생활은 제게 정말 귀하고 소중한 것들을 많이 얻을 수 있게 했습니다. 앞으로 남은 2년 동안에는 또 얼마나 좋은 만남을 갖게 될까, 얼마나 좋은 추억을 만들어 나갈까 하는 생각만으로도 가슴 벅찹니다. 세월이 한참 지난 후에도 이곳에서의 일들은 절대로 잊지 못할 것입니다."

동산고를 졸업한 정 군이 2학년에 올라가면서 이사장에게 보낸 편지다. 그 어떤 설명보다 동산고에서의 생활이 만족스럽다는 것을 볼 수 있는 부분이다.

"저희 안산 동산고등학교에는 왕따가 없어요. 술 먹고 담배 피우는 비행 학생도 전혀 없죠. 뿐만 아니라 교내에서는 아무도 핸드폰을 사용하지 않아요. 물론 체벌하는 교사도 없지요. 촌지라는 관행이 벌어지지 않는 것을 당연하게 생각합니다. 학생도 교사도 절대로 부정행위를 하지 않습니다."

홍원용 교장선생님은 이 말을 전하면서 동산고에 다니는 모든 학생에 대한 믿음과 자부심이 대단함을 우회적으로 강조했다. 학교가 학교다워지기 위해 가장 신경 쓰고 있는 부분이기도 하다는 말씀이었다.

안산 동산고의 고유한 건학이념은 학생들의 꿈을 소중히 생각하고 하나하나의 꿈을 키워주는 데 있다. 꿈 즉, 세계 비전을 가지고, 언제 어디서나, 누구에게나, 섬기고 나누고 베풀고 돌보며, 변화를 선도하는 실력 있는 신앙인을 길러내는 것이다. 안산 동산고의 지도력은 동산고만이 지니고 있는 꿈과 비전에 있다. 이러한 동산고의 교육 지도력은 학생과 학부모에게 엄청난 영향력을 미치고 있다.

구체적인 교육이념은 아래와 같다.

① 사람다운 사람을 만드는 교육을 한다. 하나님을 경외하고 부모와 웃어른과 스승을 공경할 줄 아는 학생, 자신의 일에 책임을 질 줄 아는 학생으로 가르치고자 한다.

② 각자의 실력과 재능을 개발시켜 건전한 시민 양성을 위한 교육을

한다. 그래서 각자의 재능대로 봉사하는 일꾼을 키운다.

③ 세계적 안목이 있는 일꾼을 양성하는 교육을 한다.

④ 전인 교육의 모델을 만들어가는 교육을 한다. 촌지가 없는 학교로, 학부모 · 교사가 순수한 마음으로 자녀를 위해 같이 고민하고 문제를 해결해 나가는 학교이다.

⑤ 서로 도우며, 서로를 인정해주고, 함께 살아가는 공동체의식을 길러주는 교육을 한다.

동산고의 학교상 · 교사상 · 학생상

동산고는 학교에서부터 학생에 이르기까지 '학교'라는 큰 울타리를 만들고 있는 구성원들 저마다의 목표와 상(像)이 정해져 있다. 이를테면 학교상, 교사상, 학생상으로 구분하여 달성하고자 하는 미래 비전이 남다르다.

이를 구체적으로 살펴보면 학교상은 미래를 열어가는 학교, 세상을 축복하는 학교, 하나님을 경험하는 학교를 마음에 품고 있다. 학생상으로는 세계 비전을 가지고, 언제나 어디서나 누구에게나, 섬기고 나누고 베풀고 돌보며, 변화를 선도하는 실력 있는 신앙인을 길러낸다는 청사진을 그리고 있다. 교사상으로는 동산고 설립정신의 비전이 있는 교사, 하나님과 동행하는 교사, 사랑을 실천하는 교사를 세운다는 것을 명확히 하고 있다.

이 같은 비전 아래, 추진전략으로써 중점 추진목표와 과제를 구체화하고 있다.

추진목표는 '태도가 가장 큰 실력이 되는 학교'이다, 그에 따른 중점과제로서 '기본에 충실한 학교', '학업에 최선을 다하는 학교', '세상에 희망을 주는 학교'를 선정하고 중점과제별로 추진과제를 구체화하고 있다. 이를테면, '기본에 충실한 학교'를 만들어가기 위해서는 민주시민 육성을 위한 기본생활 습관 정착, 학급 경건회를 통한 힐링과 리더십을 함양하도록 추진과제를 두고 있다.

그리고 '학업에 최선을 다하는 학교'를 만들어가기 위해서는 배움 중심 수업 운영, 나눔과 섬김을 실천하는 창의적 체험 활동, 학생의 특성에 맞춘 진학 전략을 추진하고 있다.

마지막으로 '세상에 희망을 주는 학교'를 만들어가기 위해서는 학생 선택 중심의 방과 후 학교운영, 창의지성인재를 육성하는 정보영재반 운영, 제3의 상록수 운동, 푸른 교사 운영 등을 추진과제로 삼고 운영해 가고 있다.

신앙, 인성, 학력, 진로 교육 훈련 전략

안산 동산고등학교의 특색 사업은 크게 신앙, 인성, 학력, 진로 등 4가지 교육 훈련 전략 사업으로 나누어져 있다. 이를 위해 모두 16종의 프로그램을 성공적으로 펼쳐나가고 있다. 이들 프로그램들은 다음과 같은 가치에 중점을 두고 있다.

첫째, 인성 교육의 한계를 극복하기 위한 학교경영. 둘째, 태도와 자질을 함양시키는 교육과정. 셋째, 꿈이 있는 교수 학습체제, 넷째, 진학 명품학교 만들기 등이다.

① 인성 교육의 한계를 극복한 학교경영

"안산 동산고는 실력과 인성이 좋은 교사를 확보하는 데 최우선의 가치를 두고 있습니다. 거의 목숨을 건다고 할 수 있습니다. 그리고 자격조건이 무척 까다롭습니다. 실력, 신앙, 티칭, 성품의 수월성 등이 두루 갖추어져 있어야 합니다." 김 이사장은 이러한 교사들을 중심으로 학교 교육이 이루어져야 마땅하다고 생각한다.

안산 동산고에서 강조하는 학교 교육이 갖추어야 할 3가지 요소는 매우 특징이 있다.

첫째, 인격체인 하나님을 믿으면 변화된다는 믿음을 기본으로 하고 있다. 오늘날 학교가 인성 교육에 실패하고 있는 한계를 극복하기 위해서 질서와 인격의 하나님을 믿는 믿음을 소유할 때, 인간 사회가 질서 있는 인간 사회로 변모될 수 있다는 기본 가정을 하고 있다.

둘째, 교사를 통해서 하나님의 뜻, 지식이 전달된다는 논리 아래, 교사의 연찬 훈련이 중요하다는 점을 강조한다.

셋째, 꿈을 심어주는 교육에 역점을 두고 있다. 특히 학생들에게 성경을 통해서 비전이 어떠한 의미를 갖는지를 일깨워준다. 인성 교육의 인격적 관계를 형성할 수 있도록 학교문화를 바꾸어가고 있다.

② 공동체 정신과 꿈을 키워 주는 학교

안산 동산고는 학교 교육에서 가르치는 몇 가지 중심이 되는 사상을 가르친다.

첫째, 신본주의 질서를 가르친다. 이를 통해 질서 있는 인격의 하나님을 일깨운다. 이러한 하나님에 대한 믿음을 인성 교육의 기초라고 생각하고 있다. 유물론이나 우연론을 배격하고, 먼저 인간의 한계를 인식할 수 있을 때, 인간 사회가 질서 있는 체제로 변화된다고 말한다.

둘째, 공동체 정신을 강조한다. 김인중 이사장은 창세기 1장의 "우리가 우리의 형상을 따라 인간을 창조하셨다"는 말씀을 인용하면서 하나님 자신도 성부 성자 성령 삼위를 '우리'라는 말로 지칭하고 있음을 상기시킨다. 안산 동산고가 추구하는 것은 상호 협력하고 배려하는 공동체이다. 학습과정에서도 이 정신을 기초로 학습 나누기를 하고 있다.

셋째, 교사의 역할이 매우 중요하다는 점을 강조한다. 교사는 인간과 하나님 사이에 위치하는 중요한 매개체이다. 단순히 지식을 전하는 것으로 그치는 것이 아니다. 교사의 인격적인 삶 그 자체가 중요하다는 점을 강조한다.

넷째, 학생에게 꿈을 갖게 하는 것을 중시한다. 꿈은 비전을 의미한다. 학생의 편에서 꿈과 비전을 갖도록 하기 위해서 성경은 매우 중요한 도구임을 말한다. 우리가 살아가는 세상의 질서와 하나님의 계획이 무엇인지를 알게 한다.

③ 신앙정체성 확립을 통한 영성 훈련

안산 동산고는 교사의 영성을 통한 학습자의 내면과 정서를 관리하고 있다. 하나님의 은혜를 경험하도록 함으로써 올바른 인성을 키워주고, 올바른 인성을 토대로 교과 지식을 내면화하는 데 학습 목표를 두고 있다. 이 목표 달성 과정에서 가장 중요한 역할을 하는 것이 교사이다. 특히 교사의 영성은 학습 성공의 조건이다. 이러한 교사의 영성을 훈련시키기 위해서 교직원들은 개교 초기에는 이사장 김인중 목사님을 중심으로 제자 훈련과 사역 훈련을 함께하면서 기독 교사로서의 정체성을 확인하고 신앙인으로 어떻게 살아가야 하는지도 함께 고민했다. 여기에 학교가 함께 기도할 일이 생기면 교사들이 모여서 기도원을 가면서 함께 기도한다. 지금은 매주 목요일 저녁 교사 기도회로 모임을 갖고 자신의 영성을 높이기 위해서 단련한다. 매일 저녁 10시에 야간 자율학습이 끝나고 학급별로 모이는 기도회, 아침에 국기 게양대에 모여 나라를 위해 기도하는 모임 등은 학생들이 자발적으로 모여 시작했다. 이런 모습은 영성이 이 학교의 가장 중요한 정체성임을 잘 보여준다.

기독교 정신을 바탕으로 이웃에 선함을 전하는 교육

안산 동산고는 입학식을 하기 전 학생들에게 유물주의 사상을 배격하고 인격적 하나님과 관계를 맺는 참된 만남의 관계 형성을 위해서 전도 집회를 열고 자신의 문제와 향후 나아가야 할 진로에 관해서 진지한 사고를 할 수 있는 기회를 부여한다. 또한 1학년의 수련회는 단지 여행하는 것으로 그치지 않고 수련회의 프로그램에 따라 진지한 주제를 걸고 사고할 수 있는 기회를 부여한다. 여기에 마지막 전날 등산 후에 있는 세족식은 예수님이 제자들에게 보이신 모범을 교사들이 학생들에게 보여주는 의식이다.

교장은 전교생의 사진을 붙여놓고 교사 이름과 학생 이름을 불러가며 '빛과 소금이 되게 해 주십시오' 하는 기도를 한다. 새벽마다 이름 하나

하나를 불러가며 기도하는 운동을 최근 3년 동안 전개하고 있다. 학생들의 50% 정도는 비기독교 신자들로 구성되어 있다. 모든 학생들이 참여하는 오리엔테이션은 입학식 전 4일과 수능 고사 마친 후 10일 간 삶의 특강을 하는 수련회로 진행된다. 입학식 전 오리엔테이션의 주 강사는 김인중 이사장이다. 먼저 이 학교의 건학정신이 무엇인지를 알려준다. '하나님이 이 세상을 창조하셨다는 것을 믿는 인격적인 학교'를 만들어 간다는 정신을 강조한다. 또한 3학년 학생들의 수능 시험이 끝나면 10일 동안 기독교 청소년 전문가를 초빙해 대학에 가서 살아가는 방식을 가르친다. 특강이 끝나면 재학생은 각 분야의 졸업생들과 함께 각 진로별로 16~20개의 섹션으로 나뉘어 멘토-멘티 관계를 갖고 꿈을 나누는 시간을 갖는다.

인격 존중과 신뢰를 체험하는 학교

안산 동산고는 인사를 잘하는 것을 매우 중요시한다. 학교에 방문하는 사람이 학부모이건, 교육청의 장학사이건, 택배 배달기사이건 누구에게나 인사하는 학생들을 만날 수 있다. 다른 학교에서는 좀처럼 볼 수 없는 학생들의 밝은 인사는 학교의 첫인상을 매우 좋게 만든다. 인사는 '당신의 인격을 존중합니다.'라는 의미를 앞세워, 인사가 인성 교육의 뿌리임을 가르치며 실천한다.

과거 교무실은 야단맞고 혼나는 장소로 기억되었다. 교무실에 불려온 학생들은 거의 죄인 취급을 받으며, 일말의 자존심도 인정해주지 않을 때가 많았다. 이를 없애기 위해서는 칭찬과 말투의 변화가 필요했다.

이사장과 교장선생님은 기다려주고 칭찬하는 방법을 전파시키기 시작했다. 미(소)인(사)대(화)칭(찬)이 그 실현 방법이다. 미소 띤 얼굴로 인사를 하고, 부드러운 말투로 대화를 하며, 서로 칭찬하는 학교 분위기는 그 어떤 문제도 감싸안게 되었다. 선생님도 학생들도 달라졌다.

"우리 아이가 동산고에 입학하더니 인사하는 것부터 달라졌어요. 웃으면서 엄마, 아빠를 대해주니까 집안 분위기가 확 달라졌어요." 많은 학부모들이 학교에 찾아와서 가장 먼저 하는 말이라고 한다.

이웃 사랑을 실천하는 교육

안산 동산고가 공부만 잘하는 학교는 아니다. '하나님을 경외하고 이웃을 사랑하자.'라는 교훈처럼 신앙을 바탕으로 이웃에게 그 선함을 전하도록 가르친다.

이웃 사랑을 실천하고자 하는 동산고만의 지역 연계 교육 프로그램으로는 푸른 교사 제도와 장애학생과 함께하는 교육, 대학생 멘토링 운영 등을 들 수 있다. 이를 자세히 살펴보면 다음과 같다.

① 푸른 교사 운영

푸른 교사는 안산 지역 내의 청소년 공부방과 결연을 맺고, 초·중학생의 멘토를 자처하여 그들의 부족한 학습을 도와주는 봉사 활동이다. 푸른 교사단으로 선발되면 소양 교육을 받고, 매주 1회 자신이 맡은 지역 공부방을 찾아가서 3시간씩 담당 학생을 상담하고 주로 영어, 수학 과목을 가르친다. 일동, 이동, 팔곡동, 안산동 지역 공부방에서 활동하고 있는 푸른 교사가 2013년 현재 100여 명이 되고 있다. 학교가 위치한 곳이 심훈의 소설《상록수》의 배경이 되는 샘골이 있는 곳이라 학생에게 의미가 더욱 크다.

② 장애학생과 함께하는 교육

매년 5월, 안산시 사동에 위치한 장애인 특수교육기관인 명혜학교의 학생들이 통합 교육 체험을 위해 안산 동산고에서 수업을 듣는다. 약 3일간 등교하여 일반 학생들과 똑같이 수업을 듣고 식사도 하면서 적응 훈련을 하는데, 안산 동산고 학생들은 장애학생들의 불편함을 이해하면서 다양성과 차이에 대한 수용력을 높이고 있다.

③ 대학생 멘토링

우수한 졸업생이 재학생의 멘토가 되어 학습 도우미 역할을 해주고 있다. 재학생 중 국민생활기초수급자, 소년·소녀 가장 등 저소득층 자녀나 사회의 소외 계층 등 열악한 교육 환경 속에서도 교육의 기회를 제공받기를 희망하는 학생들에 한해 진행하고 있다.

학생 개개인의 꿈을 갖게 하는 특화된 교육

동산고등학교 교육 프로그램은 한마디로 '꿈을 갖게 하는 교육'으로 대변될 수 있다. 이를 위해서 동산고는 인성에 기초한 다양한 교육 프로그램들을 운영하고 있다.

담임별 특색사업, 학습 향상 프로그램 운영, 외국어 교육 강화, 과학 심화과정 개설, 학습 나누기, 겨자씨반 운영, 해외 연수, 명사 초청특강 등 다채로운 프로그램들을 학생 개개인의 여건과 교육 현장 상황에 맞게 탄력적으로 운영하고 있다.

① 담임별 특색사업

담임별 특징적인 사업으로서 영어성경 1독하기, 신문 활용 교육, 수학 문제 풀기 등 학급 교사 자신이 학급 학생들과 좋아하고 잘 할 수 있는 주제를 잡아 이를 1년 동안 진행하고 있다. 전 교사가 매 학년 초 학급 운영계획을 담은 청사진을 제출한다.

② 학습 향상 프로그램

동산고는 학생의 성적관리를 위해서도 많은 신경을 쓰고 있다. '수능나라'는 대학 입시 결과를 분석하여 학생들의 진학 가능 대학을 알아보고 동기를 부여하는 데 사용하는 프로그램이다. 백분위와 영역별 과부족을 알려주는 성적표를 배포하여 학생 개별상담을 진행할 수 있도록 하고 있다.

③ 외국어 교육 강화

동산고는 원어민 교사가 영어과에 4명, 중국어과에 1명이 있다. 학교에서는 영어소통능력을 향상시키기 위해 영어 원어민 교사를 적극적으로 활용하고 있다. 영어 회화 수업은 주 1회 교육과정에 편성했고, 모든 학생들에게 영어 에세이 작문(연 8회)과 영어 일기(1학년), 영어 신문 요약문(2학년)을 제출하게 하여 첨삭지도를 하고 있다. 중국어 원어민 교사는 중국 문화를 소개하면서 중국어 수업을 돕고 있다.

영어과의 교내 대회를 통해 우수한 영어 인재들을 발굴해 내고 있다. 영어 말하기 대회는 관심 있는 주제를 연설식으로 발표하는 대회로 자신감 있는 표현과 청중에 대한 반응을 고려하여 심사한다. 동산 토론챔피언(Debate Championship) 경시대회는 영어 토론을 통해 토론 예절을 익히면서 논리적으로 영어를 구사할 줄 아는 능력을 배양하는 것을 목적으로 하여 토너먼트 식으로 진행하고 있다. 영어 독후감 대회는 영어권 문학 작품을 1권 선정하여 학생들의 책에 대한 이해와 적용 능력을 보고 있으며, 영어 에세이 경시대회는 에세이 형식에 맞는 글을 쓰는 훈련을 하기 위해 치른다.

이런 외국어과 대회에서는 자연스러운 구문과 숙어를 구사해야 하며 형식과 문법을 까다롭게 심사하는 것으로 알려져 있다.

④ 과학 심화과정 개설

동산고는 1학년에게 심화된 과학과정, 2, 3학년들에게 수리과학 심화 논술반, 전 학년에서 자연과학의 심화과정을 개설하여 운영하고 있다. 실험을 비롯한 기타 다양한 과학 활동으로 입학사정관 및 논술 등 수시 전형에 대비하는 데 도움이 되고 있다.

과학 교사 중심으로 과학 학습 교재를 자체 개발하여 수업 시간에 활용하고 있다. 과학 동아리에 조별 활동을 지원하면서 과학 신문을 발행하고 있다. 또한 다양한 과학특별활동반을 편성하여 운영하고 있으며, 우수학생은 심화 프로그램을 운영하여 참여하게 하고 있다

⑤ 학습 나누기

동산고의 기숙사 수용인원은 대략 15% 정도인 300명 정도이다. 학교 인근 20km 밖에 사는 학생들을 지원한다. 개교 초기 농어촌 목회자의 자녀, 해외 주재 선교사 자녀를 위해 작게 시작했던 기숙사가 지금은 경

기도 전역에서 우수한 학생들을 모으는 역할을 하고 있다. 안산 동산고 입학생은 중학교 상위 10% 정도이며 내신과 면접으로 입학생을 선발한다. 안산 동산고는 자율형 사립고 규정에 따라 사회적으로 배려가 필요한 학생들을 입학 정원의 20%로 선발하고 있다.

⑥ 겨자씨반 운영

내신 성적이나 수능 등급이 낮은 2학년과 3학년이 공부하는 자세를 익히고, 교사들의 관심 속에서 자랄 수 있도록 돕고 있다. 학년 초에 학생 20명을 모집하여 전용 학습실에서 매일 자율학습을 하도록 지도한다. 여기에서 지도교사들은 매주 정해진 요일에 남아서 학생들을 지도하면서 학습에 대한 문의도 받고 있는데 특별한 보수가 있는 것도 아니지만 학생을 도우려는 적극적인 교사들이 돌아가면서 일과 후 자율학습지도를 하고 있다. 겨자씨반은 학력이 저조한 학생의 경우, 대학별 시험의 하나인 인성적성시험으로 선발하는 몇몇 대학의 학과에 진학하는 데 도움을 주기 위해 운영된다. 50명이 사용할 수 있는 열람실에서 20명 정도 모집하여 5명의 지도교사가 자원하여 돌아가며 평일 일과 후 10시까지 자율학습과 진로 인성 적성 준비를 도와주며 맞춤형 지도를 한다.

비교과 영역에 도움이 되는 실제적인 학생 자치 활동

동산고는 학생 개개인의 입장에서 좋은 수업을 받을 수 있도록, 학교 내 시스템 차원에서 IT, SMART 교육, 하이테크, 하이터치 교육 등을 위해 필요하다면 꾸준히 적극적 투자를 아끼지 않는 분위기가 조성되어 있다.

또한 학생 개개인의 재능과 끼가 아낌없이 발휘될 수 있도록 다양한 동아리 활동 지원과 스포츠 클럽 리그 운영, 수준 높은 음악행사 개최, 특화된 진로지도 등을 통해 학생들이 주인의식을 갖고 학교생활에 주체적으로 활동할 수 있도록 물심양면으로 지원을 아끼지 않고 있다. 동산고의 활발한 학생 자치 활동에 대해 살펴보면 다음과 같다.

① 역동적인 동아리 활동

동아리는 크게 네 가지 군으로 나뉜다. 예체능군에는 오케스트라, 성가대 등이 있고, 인문사회과학군에는 MAB(Management And Business) 경영반, 사이버 외교 사절단 VANK, 경제 탐구반, 대중문화연구반, 문학연구반, 법탐구반, 신문논술반 등이 활발하게 활동하고 있다. 자연과학군에는 Advanced Science LAB, 생명과학반, 건강의학연구반, 과학탐구반, 과학환경반, 로봇연구반, 건축반, 환경탐구반 등이 있고, 종교취미직업봉사군에는 기독 제자 양성반, 동산 MTB, 다문화반, 또래상담반, 사진반, 선교중창반, 찬양사역동아리 엘리에셀, 영상제작반, 동산 인터랙트, 일동청소년공부방 봉사단, 찬양연주반, 청소년 기자단, 교육연구 동아리 등이 있다. 특히 자연과학군의 동아리들은 외부 대회에서 다수의 수상 경력을 보유하고 있다.

② 교사와 학생이 참여하는 독서 동아리 활동

안산 동산고의 도서관 송백재의 1일 평균 대출 권수는 98권 정도이다. 이처럼 도서 대출이 활발한 데에는 교사와 학생이 참여하는 독서 동아리가 큰 역할을 하고 있다. 독서 동아리를 운영하는 교사는 학년 초에 자원하여 자신이 학생들과 함께 읽고 싶은 책의 주제를 선정한다.

이런 독서 동아리 모임은 한 해에 40개 정도가 만들어질 정도로 활발하게 운영되면서 교사의 자기계발뿐만 아니라 학생들의 진로와 적성을 계발하는 계기가 되고 있다.

③ 스포츠 클럽 리그 운영

학생들의 체력 향상을 위해 격주마다 스포츠팀 리그를 진행하고 있다. 축구 5팀, 농구 4팀, 탁구 단식/복식 조를 나누어 참가하는데, 우선 학급별로 팀 리그를 진행하고 우승팀은 학년 스포츠 클럽 대회에 출전할 수 있는 자격을 준다. 이 활동을 통해 학생들의 건강증진뿐만 아니라 협동, 책임감, 나눔, 포용 등의 인성을 키우는 데 큰 역할을 하고 있다.

④ 향상 음악회

음악적 감성을 발전시키고 취미 생활과 교양 함양에 도움을 주기 위해서 1인 1악기를 다루게 하는 프로그램을 운영한다. 학생들은 방과 후 학교를 통해 바이올린, 플루트, 클라리넷 등을 대여하여 매일 음악실에서 한 학기 동안 꾸준히 레슨을 받고 연습을 한다.

⑤ 특화된 진로지도

교육과학기술부가 주최하고 경기도 교육청과 KBS가 주관하는 〈2012 좋은 학교 박람회〉 가 9월 20일부터 22일까지 사흘간 일산 킨텍스에서 진행되었다. '어느 누구, 어떤 재능도 놓치지 않는 모두를 위한 교육'이라는 슬로건을 걸고 열린 행사에는 총 105개교가 참가하여 각 학교의 특색 사업과 교육과정, 성과물을 전시한 바 있다.

'기독교 정신을 바탕으로 세계화 시대에 미래를 이끌어갈 유능한 인재를 육성한다.'라는 건학정신 아래 설립된 동산고는 〈좋은 학교 박람회〉

개최 이래 3년 연속 꾸준히 참가했다. 2008, 2010년에 과학교육 최우수 학교로 선정되었을 만큼 과학 분야에 있어서 뛰어난 성과를 거둔 바 있고, 로봇과 관련하여 로봇제어시스템을 교과과정으로 운영하여 학생들의 창의력과 실력을 향상시키고 있다.

동산고의 오늘과 내일

안산 동산고등학교는 학교법인 동산학원에 소속되어 있다. 1994년 12월 10일 남녀공학 12학급 624명으로 설립을 인가받고, 1995년 초대 이병호 교장의 취임과 함께 개교하였다.

처음 동산고등학교는 일반계 사립 남녀공학으로 출발하였으며(1995년~2009년), 지난 1995년 7월 30일 당시 김상곤 경기도교육감이 자율형 사립 고등학교 지정신청을 승인함에 따라 2010년 3월 자율형 사립고등학교로 전환되었다. 동산고는 홍원용 교장, 조규철, 문순용 교감의 지도 하에 학생 수 1,920명(2014), 교직원 수 102명(2014)의 규모를 갖추고 있다.

학교를 명품학교로 만들기 위해서 안산 동산고등학교의 설립자인 김인중 이사장은 학생들에게 "하나님이 주신 꿈을 붙잡아라."하고 강조한다. 그로 인해 학생들이 넓고 큰 꿈을 갖게 하고, 올바른 태도와 실력을 갖춘 미래의 지도자를 꿈꾸게 하기 위해서다.

동산고를 방문했을 때 멀리 이 학교 직원인 듯한 어느 한 분이 학생과 대화를 나누고 있었다. 가까이 가보니 그분은 다름 아닌 김인중 이사장이셨다. 학생과 미래의 꿈에 대한 대화를 나누고, 학생이 삶의 성공자가 될 수 있도록 하기 위해 성경 말씀을 전하고 있었다. 이후 학교장실에서 김인중 이사장, 홍원용 교장과 대화를 나누었다. 김인중 이사장과의 대화는 매우 인상적이고 감명 깊었다. "하나님이 주신 꿈을 붙잡으라.", "넓고 큰 꿈을 갖게 하고, 올바른 태도와 실력을 갖춘 미래의 지도자를 꿈꾼다."는 말씀은 동산고가 명품학교가 될 수밖에 없는 이유를 볼 수 있는 듯했다. 홍원용 교장과의 대화 가운데에서 '세상을 축복하는 학교, 미래를 열어가는 학교, 하나님을 경험하는 학교' 라는 비전을 구체적으로 확인할 수 있었다.

20년 전 안산 동산고에서는 갈 데 없는 학생들을 받아서 각 선생님들이 밤 12시까지 개별상담을 하며 지도했다. 그 결과 안산 동산고가 지금의 수준까지 성장한 것은 우연이 아니다. 오늘날 안산 동산고의 성취는 각종 매스컴이 본 동산(안산 동산고등학교 홈페이지, http://www.dsgo.kr/)에 잘 나타나 있다. 명문대 학생들의 연이은 자살과 학벌위주 사회에서 꿈을 찾기보다 성적에 연연하는 청소년들의 모습은 안타까움을 더하고 있다. 하지만 안산 동산고등학교처럼 학생들이 "학교가 즐겁다."고 말하며 학업성취 수준과 신앙, 비전을 키워가는 학교가 있다면 청소년들의 미래는 분명히 밝을 것이다.

동산고등학교의 이모저모

신앙 수련회

정기연주회

통일한마당 행사

제 4 장

잠재능력을 일깨우는 명품학교

제주 세화고등학교

미래를 여는 지역 명품학교

창의적으로 사고하는 글로벌 인재를 육성하는 실천인성 교육

지역의 특성을 잘 살린 비원학사 교육

학습력 향상을 위해 시스템화된 교육

세화고의 오늘과 내일

충북 청원고등학교

전인 교육을 선도하는 미래지향적 행복학교

마음이 건강한 창의적인 인재 육성 철학

학생과 지역사회를 위한 열린 교육

청원고의 오늘과 내일

홍익대사대부속여자고등학교

차별화된 명품수업을 실천하는 차세대 여성지도자 육성의 요람

아름답고 슬기롭고 부지런한 차세대 여성지도자 양성

참여성을 키우는 교양 교육

학력 수준별 욕구를 충족시키는 개인별 맞춤 교육

열정에 넘치는 교사들

학생들의 눈높이에 맞춘 다양한 자치 활동

홍익대사대부속여고의 오늘과 내일

일찍이 미국의 심리학자 가드너(H. Gardner)는 인간이 가지고 있는 다양하고 풍부한 잠재능력을 수월성(Excellence)으로 규정하고 학생의 잠재력과 소질, 적성 등을 최대한으로 개발하는 교육 활동의 중요성을 강조한 바 있다. 즉, 학생 개개인의 능력을 더욱 개발하고 발전시켜 최고의 수준으로 계속 끌어올리자는 것이다. 예컨대, 지적인 측면에서 볼 때 학업성취도가 높은 학생들은 더욱 높은 수준으로 끌어올리고, 중간 수준의 학생들에게는 학업성취도를 더욱 높이도록 도와주고, 뒤처진 학생들은 어느 수준까지 끌어올리자는 것이다. 즉, 모든 학습자로 하여금 최상의 수준으로 끌어올리도록 도와주자는 것이다.

고등학교 평준화 정책이 시행된 이후 일반계 고등학교들은 학생 선발, 교육과정 운영, 등록금 책정 등 측면에서 자율성이 제약된 채 학생들을 일률적으로 배정받아 교육하게 되었다.

학생들의 선택권이 제한되고, 다양하고 창의적인 교육 활동을 실현할 수 없게 되자 평준화의 틀을 유지하면서 정책을 보완하기 위해 특성화고, 특목고, 자율고 등 보완 대책을 마련하여 시행하게 되었다. 이는 전반적으로 평준화 시책을 보완한 것이지만 일반계 고등학교에는 불만스러운 측면이 계속 남아 있을 수밖에 없게 되었다.

이러한 상황 속에서도 교육 활동의 질적 수준을 높이고 특색 있는 교육 프로그램을 운영하고 있는 학교들이 많다. 이렇게 학생들의 잠재능력을 극대화시키려는 노력을 기울이는 학교들이 늘어나는 것은 바람직한 현상이 아닐 수 없다.

인간의 잠재능력은 무궁무진하다. 마치 유전에서 시추공이 관통하기 시작하면 끊임없이 석유가 쏟아져 나오듯이 어느 정도 가시적인 능력 계발이 이루어지면 그때부터 숨겨진 능력을 발굴하기 위한 노력이 자연스레 뒤따른다. 단계별 목표를 설정하고 특화된 교육과정에 따라 명확한 진로 계획을 세우고 실천하는 이들의 추진력은 어떤 영재학교나 특목고에서도 찾아보기 힘들다. 이러한 학교들은 친화력을 갖춘 성공적인 인물이 되기 위해 갖추어야 할 능력과 소양을 가르치고 일깨우는 명품학교들이다.

이 장에서는 일반계 고교지만 나름대로 다양하고 특화된 프로그램을 운영함으로써 학생들의 잠재력을 일깨우는 제주 세화고등학교, 충북 청원고등학교, 홍익대사대부속여자고등학교를 소개, 설명하였다.

세화고등학교는 제주 동쪽 끝자락에 위치한 60년 전통의 학교로서 유명대학을 직접 방문하는 등 지역적 한계를 극복하는 도전정신이 강한 학교다. 세화고는 학생이 살아온 과정에 대한 반성과 성찰을 하는 계기를 만들어 꿈과 목표를 구체적으로 형성하는 효과를 얻고 있다. 나아가 제주 의녀 김만덕(조선 후기 제주의 여성 자선 사업가)의 배려, 헌신, 희생정신을 계승하여 남과 더불어 사는 공동체 의식을 향상시키고 제주에 대한 남다른 애향심과 두드림 진로 교육, 교장 공모제 등을 통한 혁신은 학교 경쟁력을 높이고 있다.

01
제주 세화고등학교

미래를 여는
지역 명품학교

세화고는 제주도 동쪽 끝자락인 구좌읍 세종로 26번지에 위치한 60년 전통의 동부지역 유일의 일반계 고등학교이다. 제주 올레길 20코스와 연결되어 학교 주변에는 유해환경이 없고 교통 혼잡 등으로 인한 소음공해가 거의 없는 청정지역이다. 지역의 주요 산업은 농업과 어업이며, 농산물로는 주로 당근이 재배되고 김녕리의 해녀박물관이 가까이 있을 정도로 어업이 주산업이다.

세화고는 제주시 동(洞)지역에서 1시간 거리에 위치한 농어촌 소재학교로서 인적 물적 자원이 부족함에도 불구하고 학부모의 교육열은 결코 어느 대도시에 뒤지지 않는다. 역사상 최초의 공모교장인 김종식 교장선생님이 세화고에 부임하면서, EBS강사 등 타 시·도 전문가 초청 진로특강, 대학교수 등 도내 전문가를 초빙한 진로설계 프로그램 운영, 학생들이 유명대학을 직접 체험하는 대학 탐방 프로그램 운영 등 지역적 한계를 극복하기 위해 도전하고 있다.

세화고만의 특별한 교육 프로그램은 세화고를 다양한 가능성의 학교로 자리매김하도록 했다. 바로 국가 수준 학업성취도 평가에서 제주도내 우수 학교로서의 결과들이 속속 드러나고 있는 것. 나아가 대입 합격률에서도 농어촌 지역 고등학교로서는 유례를 찾아보기 힘들 정도로 우수한 결과를 내놓고 있다. 세화고의 2년 연속 80% 이상이라는 높은 수시 합격률은 농어촌 지역 고등학교가 제주시 동지역 일반계 고교보다 대학 진학에 불리하다는 편견을 불식시켜 농어촌 지역 고등학교의 진로진학 성공 가능성을 보여주고 있다.

이제 세화고는 제주도민들이 믿고 신뢰하는 자녀교육의 모범 답안이 되고 있다. 제주도민들과 학부모들의 높아지는 기대치를 만족시키면서 '창의·인성을 갖춘 글로벌 인재 육성'을 통해 미래를 여는 명품학교로 세화고는 진화하고 있는 중이다.

창의적으로 사고하는 글로벌 인재를 육성하는 실천인성 교육

세화고의 비전은 '창의·인성을 갖춘 글로벌 인재 육성'이다. 글로벌 시대는 국적과 국경의 의미가 점점 약화되고 있는 시대, 국가 간 상호의존의 필요성이 증대되는 시대 그리고 어떤 국가도 홀로 살아갈 수 없는 시대이다. 따라서 국적을 넘어서 창의적이고 인성을 갖춘 인재를 기르고 그 인재가 국가에 기여하도록 하는 것이 세화고의 비전이라고 할 수 있다. 따라서 세화고의 슬로건인 '미래로, 세계로! 세화고등학교'는 높고 원대한 뜻을 가지고 지역사회와 국가는 물론이고 세계까지 선도할 수 있는 인재 양성을 목표로 한다는 의지를 표현하고 있다. 이러한 슬로건을 성취하기 위한 구체적인 방향에서 세화고의 교훈으로 면학(勉學), 협동(協同), 창조(創造)가 선정되었다.

세화고의 실천인성 교육의 핵심은 학생들에게 바른 인품을 가르치고 올바른 생활 태도를 지니도록 교육하는 데서부터 시작된다.

이를 위해 세화고는 학생들에게 예의 바른 생활 태도를 길러 올바른 인성을 지닌 사람으로 성장하게 하고, 경로효친의 정신을 생활화시키기 위해서 효경 교육을 실시하고 있다. 1·2학년을 대상으로 매월 셋째 주 수요일을 지정하여, 학교장의 훈화 후에는 학생들을 조기 귀가시켜 가족과 함께 식사하도록 한다. 매년 5월에는 경로효친 주간 행사를 운영해 장한 어버이 3명과 효행학생 24명을 선정해 표창하며, 부모님이나 선생님께 감사의 편지 쓰기나 전문가를 초청해 특강을 하는 등 직접적인 실천을 통한 경로효친 의식을 내면화시키고 있다.

학교 홈페이지에는 '칭찬합시다!' 코너를 개설하여 좋은 칭찬사례를 등록하고 칭찬을 전파하는 방식으로 칭찬문화를 확산해 즐거운 학교 분위기를 조성하고 이를 통해 학생들의 바른 인성을 함양시키고 있다. 전 교직원 및 학생이 참여하여 현재까지 약 170개 가량의 칭찬 릴레이가 이어지고 있다.

세화고는 학생 자신에 대한 반성과 성찰을 통한 올바른 역사관 형성 및 자아정체성 확립을 위하여, 2013년 3월부터 7월까지 2학년을 대상으로 〈윤리와 사상〉 교과 시간을 활용하여 '나의 역사 만들기' 수업을 추진하고 있다. 이 과정을 통하여 학생들은 자신이 살아온 과정에 대한 반성과 성찰을 하는 계기가 형성되며 학생의 꿈과 목표가 형성되는 효과를 얻고 있다. 나아가 세화고는 1학년을 대상으로 제주 의녀 김만덕의 배려, 헌신, 희생정신을 계승하여 남과 더불어 사는 공동체의식을 향상시키기 위해 노력하고 있다.

또한 세화고는 선행의 모범이 되는 학생에게 '자랑스런 세고인(細高人) 메달'을 수여함으로써 실천지향적인 학교문화를 정착시키고 있다. 학교는 매월 1회 대외적으로 학교의 명예를 드높인 학생, 세화고의 발전에 기여한 학생, 교훈인 면학·협동·창조에 부합한 자질과 행동을 보인 학생을 발굴하여 전교생 조회 시간에 메달을 수여한다.

지역의 특성을 잘 살린 비원학사 교육

세화고가 제주시뿐만 아니라 전국적으로 교육의 새로운 가능성을 제시한 학교로 주목받는 이유는 철저히 '제주의 특장점을 교육 프로그램에 활용'하려는 세화고만의 독특한 학력 향상 프로그램이 있기 때문이다. 이러한 세화고만의 특별한 교육 방식은 크게 기숙사생활을 통한 수준 높은 학력 향상 프로그램과 학생들의 주체적인 동아리 활동, 체험 중심의 진로 교육으로 대표된다. 이는 곧 비원학사 운영, 학생들만의 다양한 삶의 가치를 열기 위한 동아리 활동, 학생들의 소질과 적성 중심의 현실적인 진로 교육인 두드림 교육을 들 수 있다.

세화고의 심장, 비원학사

세화고가 가진 자랑거리의 하나는 '학교의 심장'이라고 불리는 비원학사(榧苑學舍)이다. 김종식 교장선생님이 부임하기 전까지만 하더라도 비원학사는 학생들의 원거리 통학을 해결하려 잠을 자는 기숙사 역할이 강했다. 그러나 공모교장은 비원학사를 영재관으로 명명하여 새로운 가치를 부여하였고, 이에 부합하는 소프트웨어인 맞춤형 학력 향상 프로그램을 구비하여 내외 안팎의 시스템을 개조하였다. 비원학사 개조에 13억 원 정도의 예산을 지출하여 72명이 모여 학습할 수 있는 공간으로, 학습실 1실, 숙소 18실, 원어민실 2실, 사감실로 구성했다.

비원학사의 명칭은 학교의 교목인 비자나무에서 유래했다. 학생들이 학업에만 정진할 수 있는 학습 시간을 확보하고, 남과 더불어 생활하면서 공동체의식을 함양하며, 자기주도적 학습 태도를 형성하여 나갈 수 있도록 하는 공간이다. 나아가 학생들의 학습능력을 제고시켜 꿈을 실현시킬 기회를 제공하는 시설이기도 하다. 그러나 비원학사에 입사하는 학생들은 학원수강과 과외가 불허되며 외출과 조퇴도 제한된다. 학생들은 토요일 오후에 귀가(歸家)하고 월요일 아침에 귀사(歸舍)하는 엄격한 규율 속에서 미래의 인재로 자라나고 있다.

비원학사의 일과는 아침 6시 아침기상 방송과 함께 시작된다. 이후 학교에서 마련한 자체 수업을 저녁 9시까지 무려 13시간에 걸쳐 진행한다.

수업을 마치면 잠시 기숙사에 와서 개인 정비 시간을 갖고 다시 학습실에서 교사의 임장(臨場)지도 하에 그날 배운 교과를 복습하고 미비한 과목을 보충하는 시간을 갖는다. 토요일에는 토요 프로그램을 운영하거나 학습실에서 자율학습을 한 후 오전 수업만 하고 자유시간을 갖는다.

비원학사에서는 학력 향상 프로그램과 함께 인성 교육이 이루어지고 있다. 학생들의 학력 향상을 위해서 평일 일과 후 자율학습실에서 요일별 전담교사의 지도 아래 학습 및 진로상담이 이루어지고, 토요일에는 대학별 대비 집중 특강, 자기주도적 학습 프로그램, 논술·면접특강, S-Class 프로그램 등의 진로진학 프로그램이 운영된다. 인성 교육 프로그램으로는 분기별 1회 명사 초청특강, 인성 함양을 위한 복지시설 봉사활동, 모범 학생 표창, 학부모와 함께하는 체육대회 등 다양한 체험 활동이 병행된다. 또한 학생들은 직접 십시일반으로 모은 쌀로 시루떡을 만들어 중증 장애노인들이 지내는 세화요양원을 찾아가거나, 동절기 부족한 수혈용 혈액 수급 활성화를 위한 단체 헌혈 등을 통해서 장차 사회 구성원으로서 나눔의 삶을 배워가고 있다.

학생 중심으로 운영하는 동아리 활동

세화고는 학생들에게 다양한 삶의 가치를 열어주기 위해 학생들이 흥미와 보람을 느낄 수 있는 동아리를 운영하고 있다. 수학 논술반, 진로진학연구반, 영자신문반 등 면학에 도움을 주는 동아리는 물론이고, 미술디자인반, 풋살반, 배구반 등 예체능을 비롯하여 영화 감상반, 만화반, 골목탐사반 등과 같이 일상의 휴식처럼 다가갈 수 있는 동아리들도 있다.

주요 동아리를 소개하면 다음과 같다.

① 4-H 동아리

세화고가 야심차게 추진하는 학생 활동의 하나가 4-H 동아리 활동이다. 이 동아리의 목표는 국가의 장래를 이끌어갈 학생들이 지(智)·덕(德)·노(勞)·체(體)를 뜻하는 4-H 이념을 생활화함으로써 인격을 도야하고 농심을 배양하며 창조적 미래세대로 성장토록 하는 데 있다. 세화고는 2012년 제46회 4-H경진대회에 참여하여 실내식물 테라리움 만들기 부분에서 최우수상을 수상하였으며, 스피치 부분에서 장려상을 수상하기도 했다.

② 제주어사랑 동아리

제주어사랑 동아리는 제주도에서만 볼 수 있는 이색적인 동아리다. 세화고는 '제주어는 살아있는 훈민정음이자 국어의 보물창고이기에 제주어가 사라진다면 국가적 언어자원을 상실하는 것'이라는 인식하에 동아리를 운영하고 있다. 또한 제주도 속담이나 제주도 방언, 저승본풀이 등 학생들이 흥미를 가질만한 주제를 교육적으로 다루고 있다. 2012년 9월 17일에 열린 제51회 탐라문화제 '제주어말하기 대회'에 참가해 '의논허멍 삽주양'이라는 주제로 최우수상을 수상한 사례가 있으며, 사라져가는 제주어를 학생들에게 알리기 위해 다양한 방법으로 노력중이다.

③ 풍물 동아리

방과 후 학교 전통예술 프로그램인 풍물반은 학생들의 소질 계발 및 특기·적성을 신장할 수 있는 기회를 확대하고 전통악기 연주를 통한 민족 고유의 정서를 함양하는 것을 목표로 한다. 제11회 제주도 학생 풍물놀이경연대회에서 세화고 1학년 학생들로 구성된 풍물단(전통음악반 사물팀)이 고등부 우수상을 수상한 실적이 있으며, 제12회 풍물놀이 경연대회에서는 1·2학년 학생들로 구성된 풍물단(전통음악반 사물팀)이 고등부 우수상을 수상하였다.

미래를 여는 행복, 두드림(Do Dream) 진로 교육

세화고는 체험 중심의 진로 교육 프로그램을 운영하고 있는 것이 강점이다. 명문대 위주의 상급학교 진학에 맞춘 교육과정 운영을 탈피하여 학생 개개인의 소질과 적성 중심의 합리적인 진로 선택과 능력을 개발하도록 진로 교육을 운영한다. 학생들에게 실제적으로 도움이 되는 진로 교육이 이루어질 수 있도록 교사 스스로 진로 교육 연수를 통한 전문성 함양은 물론, 방과 후, 주말, 방학 등 교육과정 운영에 지장을 주지 않는 시간을 활용하여 다양한 진로 교육 활동을 실시하고 있다. 세화고가 읍·면·지역 고등학교의 지역적 한계를 극복하기 위해 실시하고 있는 다양한 진로 교육 프로그램은 다음과 같다.

① 꿈을 찾는 진로독서 프로그램

세화고는 학생과 교사의 1대1 맞춤 독서지도를 통해 독서의욕 고취 및 독서 생활화를 장려하고 있다. 다방면의 교양 축적과 간접적 체험을 통한 넓은 시야, 스트레스 해소 등 다양한 독서의 순기능이 있지만, 그 외에도 독서 활동은 각종 사교육과 입시 대비에만 급급한 교육 체계를 탈피하고 최종적으로 학생들이 스스로 진로를 찾는 과정과 목표의식을 갖는 데 도움을 준다. 세화고는 학생 개개인의 진로에 도움이 되는 깊이 있는 독서 프로그램을 운영하고, 학생의 진로를 찾는 과정에서의 독서의 중요성을 인식시키고 있다.

② 꿈과 끼를 찾는 학급별 진로캠프

세화고는 담임과 함께하는 진로캠프를 통해 학생의 진로설계 및 개척능력을 배양시키고 있다. 진로캠프는 1·2학년을 대상으로 하계 방학 또는 학기 중, 토·일요일에 운영한다. 학급 구성원들이 스스로 참여하여 계획을 수립하게 하며 1박 2일간 학급단위 캠프를 통해 담임과의 대화, 자신의 꿈 발표, 진로·진학 탐색을 위한 상담을 실시한다. 이는 학급구성원들 간의 유대를 강화시키고 자기이해와 더불어 타인과의 공감능력을 배양시키는 성과를 거두고 있다.

③ 미래제주 10대 유망직업 전문가 진로캠프

이 진로캠프는 다양한 직업세계 탐색 및 간접 체험의 기회를 제공함으로써 학생들의 진로설계 능력 배양을 목적으로 하고 있다. 2013년 7월 30명의 학생을 대상으로 스마트그리드 체험관 체험 활동, 재생에너지 체험학습과 주방 관련 직업체험 기회를 제공하였다. 그리고 동년 10월 1·2학년 희망학생 40명을 대상으로 넥센컴퓨터 박물관의 IT관련 진로특강 및 신재생에너지 체험관 진로체험 활동을 실시하여 전문가로부터 생생한 직업정보를 습득하고 진로능력을 배양시켰다.

④ 두드림(Do Dream) 한마당 비원축제

진로 교육과 연계한 비원축제는 학생 스스로 계획·운영함으로써 자율, 책임, 협동심을 배양하는 것을 목적으로 한다. 그 내용으로는 소망편지, 음악제, 이벤트 타임, 푸드파이터, 패션쇼, 자유선언, 비원가요제 &

댄스경연, 라디오 DJ, SBS코너, OX퀴즈, 그룹사운드, 경품추첨 등 다양한 이벤트를 포함한다. 이날 선생님은 학생 교복을 입고 1일 학생체험을 하기도 한다.

학습력 향상을 위해 시스템화된 교육

수업 마치는 종소리가 울리자 10여 명이 우르르 몰려나가 수학교사를 에워쌌다.

"선생님, 아까 그 문제는 함수 그래프 말고 도형 원리를 적용해도 답이 나오지 않나요?"

"아까 설명한 공식이 도출되는 원리가 이해가 안 돼요."

학생들은 수업 시간에 완벽하게 풀리지 않은 궁금증을 앞다퉈 쏟아냈다. 교사는 그 자리에서 답하거나, 학생이 제시한 새로운 풀이방법을 노트에 메모하며 "이따 점심시간에 교무실로 와서 다시 얘기하자."고 말한다.

세화고에서는 쉬는 시간마다 이런 풍경이 벌어진다. 학생에게 둘러싸인 교사가 설명을 이어가는 모습을 보면 수업 시간인지, 쉬는 시간인지 분간이 안 될 정도다. 세화고 수학선생님은 "아이들이 배우고자 하는 열의가 정말 대단해요. 아이들이 이렇게 열성적으로 나오는데 수업 준비는 당연히 철저히 해야죠."라고 웃으며 말했다.

18년 경력의 베테랑 국어선생님조차 "아직도 수업 들어가기 전 긴장이 된다."고 말했다. 그는 "워낙 수업시간에 집중하는 아이들이라 하나라도 더 가르쳐주려고 노력하게 된다."며 수업시간에 조금만 신경을 안 써도 아이들 사이에서 "○○선생님은 우리한테 가르칠 열의가 없나 봐" 하고 소문이 나버린다고 한다. 그다음엔 물론 해당 선생님에게 질문도 안 하며 아이들 특유의 따돌림을 만든다고 하니 이 학교 선생님 노릇 하기도 여간 만만치 않은 것 같다.

세화고가 운영하고 있는 교육 프로그램은 크게 고교 교육력 제고 창의경영학교 프로그램과 교사가 자체 개발한 교육 프로그램 운영으로 나눌 수 있다. 이를 자세히 소개하면 다음과 같다.

고교 교육력 제고 창의경영학교

세화고는 2012년부터 교육과정 혁신형 고교교육력 제고 시범학교로 지정되어 운영되고 있다. 고교 교육력 제고 창의경영학교운영은 기초가 부족한 학생들의 학력 향상에 많은 도움을 줄 뿐만 아니라 성적이 우수한 학생에게도 학습욕구를 충족시켜 면학 분위기를 강화시키는 특색사업이다. 이 프로그램 운영의 목표는 첫째, 기초학력 미달 학생의 비율을 줄이는 것이며, 둘째, 우수학생의 학력을 더욱 뛰어나게 하는 것이고, 셋째, 학생들이 직접 선택할 수 있는 과목을 제시하여 학생 스스로의 진로능력을 향상시킬 수 있는 기회를 주는 것이다.

세화고가 추진하고 있는 교육과정 편성 및 운영 방침 중 구체적인 프로그램 특성의 세 가지를 살펴본다.

첫째, 기초과정은 1학년 학생을 대상으로 기본적인 고교 교육과정을 따라가기 어려운 학습 결손 학생을 위하여 운영하는 것이다. 기초과정의 내용은 해당 학생의 진로 희망을 고려하고, 과목 개설 취지에 대한 충분한 안내와 진로 상담 활동을 실시하여, 해당 학생과 학부모의 동의를 얻은 후 구성한다.

둘째, 심화과정은 2·3학년을 대상으로 성적이 우수한 학생들에게 자신의 능력과 수준에 맞는 과목을 수강할 수 있는 기회를 제공하기 위한 것이다. 학생의 희망을 최우선적으로 고려하되, 학생의 지원이 예상 인원보다 많을 경우에는 전형요소별 항목 총점을 합산하여 높은 순으로 선발하고 있다.

셋째, 선택과정은 다양한 교과 영역에 대한 실질적인 선택권을 보장하기 위해서 선택과목을 편성하고 있으며, 학생들이 자신의 능력·적성·흥미에 맞는 교과목을 이수할 수 있도록 유도하고 있다. 2014년 2학기에 1학년 학생들에게 제공되고 있는 선택과정은 2트랙(트랙1: 비원학력 디딤돌 코스, 트랙2: 비원학력 올름 코스)으로 운영되고 있다.

그러면 이러한 프로그램을 수강하는 학생들은 어떻게 평가되는가? 세화고는 기초, 심화, 선택과정에 대한 평가계획을 설정하고 있다. 우선 학업성적관리위원회 심의를 거쳐 '교과목별 학업성취 기준'을 규정으로 정하고, 과목별로 보통교과의 평가계획에 준하여 계획을 수립하여 평가를 시행한다. 평가는 정기고사(중간고사와 기말고사)와 수행평가(과정평가)로 구분하여 실시하며 각 교과목별로 세부 평가계획 및 기준을 수립하여 시행한다. 그리고 교과별협의회에서 기초, 심화과정의 과목별로 성취수준 50~70% 범위 내에서 최소 학업성취 기준을 정하고, 학업성적관리위원회의 심의를 거쳐 확정한다.

이렇게 체계적으로 시스템화된 고교 교육력 제고 창의경영학교 프로그램은 세화고를 명품의 반열에 올려놓고 있다. 세화고에 따르면 2013학년도 대학 입시 수시 전형을 통과한 학생은 졸업생 270명 가운데 무려 225명이나 된다. 이는 졸업생의 83.3%에 해당하는 비율이다. 수시모집 최종 합격자 가운데 4년제 대학교 합격생은 164명으로, 이는 수시모집 합격자 중 72.9%를 점유하는 높은 합격률이다. 특히 연세대학교 및 고려대학교, 육군사관학교, 서울시립대학교, 경희대학교, UNIST, 한국교원대학교 등을 포함한 주요대학 합격생도 20명에 이른다고 한다.

세화고 자체 개발 교육 프로그램

평일 오후 10시, 세화고 선생님들 중 퇴근한 선생님은 몇 명 없다. 각자 기안을 짜느라, 수업용 학습자료를 만드느라 분주하다. 한편에서는 수업시간에 이해하지 못한 교과내용을 물으러 온 학생들이 선생님과 열심히 상담을 한다.

세화고에서는 선생님들이 학생들을 진심어린 사랑으로 지도하기 때문에 학생들이 불만 없이 교칙을 잘 따른다. 교사들의 학생에 대한 애정이 남달라서 학생들의 생활기록부는 양과 질이 모두 훌륭하다. 학생들을 세심하게 살피고 꼼꼼하게 기록하기 때문이다. 이는 지역 교육력 향상을 위해 헌신적으로 임하는 선생님들의 남다른 사명감 때문이 아닐까.

세화고 학생들은 학교생활을 무척 행복해한다. 선생님이나 친구와의 관계가 원만할 뿐만 아니라 남다른 과외 활동에서 자신의 성장을 느낄 수 있기 때문이다. 식사 시간이나 쉬는 시간에는 학교에서 배드민턴이나 줄넘기를 마음대로 할 수 있고 피아노 등 악기도 연주할 수 있다.

세화고는 지역의 한계를 극복하고 진정한 공교육의 가능성을 교육 현장에서 실현하기 위한 다양한 학습 자료 개발 및 교사 연구 동아리를 적절히 활용해 수준 높은 학습 프로그램을 운영하고 있다. 세간에 화제가 되고 있는 세화고 자체 개발 교육 프로그램으로는 교과 교육용 학습자료 활용, 학력 향상 시상제, 학교 입학사정관 대회, 교사 진로진학 연구 동아리를 들 수 있다.

① 다양한 교과 교육용 학습자료 개발·활용

세화고는 맞춤식 교수·학습 지원을 위해 학습자 수준에 맞는 다양한 학습자료를 개발해 학생들의 학력 향상을 도모하고 있다. 2013년에는 신입생 280명을 위한 학습 개발 자료로 국어 길라잡이, 수학 길라잡이, 영어 길라잡이 등을 제작하였다.

② 학력 향상 시상제

학력 향상 시상제는 학기초 대비 학년말 성적이 향상된 학생을 선발하여 학력 향상에 대한 인센티브를 제공함으로써 학습동기를 유발시키는데 그 목적을 두고 있다. 대상 교과목은 국어, 수학, 영어, 사회탐구, 과학탐구 등이며 선발 기준에 따라 1등급 이상 향상 학생과 각 영역별 1등급 취득 학생을 선발한다.

③ 학교 자체 입학사정관 대회 개최

세화고는 교내에서 자체적인 입학사정관 대회를 열어 학생들의 입학사정관제 전형에 대한 적응력을 배양시키고 있다. 이 대회는 2학년을 대상으로 자기소개서와 학습계획서 작성, 교사연구 동아리, 교사의 멘토링, 심층면접으로 구성되어 있다.

④ 교사의 진로·진학 연구 동아리

세화고에서는 교사의 진로 · 진학지도의 전문성 제고와 함께 학생 진로지도능력을 배양하기 위해 교사연구 동아리를 구성하여 운영하고 있다. 교사연구 동아리에 소속된 교사들은 대학진로 능력 향상을 위한 자체연수, 입시 정보 수집과 진로진학 상담, 수시대입박람회를 통한 자료수집, 교내 입학사정관 대회 진행, 학생 멘토링 활동, 세화 영재관 특별학습 프로그램 등을 실행한다.

⑤ 제주의 정체성 찾기 교실

이 프로그램은 제주의 자연과 문화, 역사를 통해 학생들이 제주를 지킬 수 있는 능력과 의지를 함양하면서 제주 관련 다양한 주제강연을 통해 학생부종합전형 비교과 활동의 대학진학 자료로 활용하기 위한 진로교육 프로그램이다. 세화고는 이 프로그램을 통해 제주 선인들의 삶을 조명하고 제주인으로서 자긍심을 갖는 기회를 제공하면서도 학생들이 대학 진학과 연계하여 주제를 선택할 수 있도록 운영하고 있다.

주요 내용으로는 제주의 음식문화, 주거문화, 제주어, 의생활, 해녀 이야기, 제주의 민요, 제주 탄생 신화 등이다.

세화고의 오늘과 내일

세화고는 '미래로, 세계로! 세화고등학교'라는 슬로건이 시사하는 것처럼 높고 원대한 뜻을 가지고 협동적이고 창조적으로 도전과 혁신을 추구하는 일반계 고등학교로서, 지역사회와 국가는 물론이고 글로벌 세계까지 선도할 수 있는 인재 양성에 힘을 쏟고 있다. 특히 학업과 인성, 창의력을 동시에 갖춘 전인 교육 강화와 그에 걸맞은 교육 환경 조성에 힘을 기울이며 지역의 명문고로 성장하는 발판을 다듬고 있다.

세화고의 최적화된 글로벌 인재육성은 꾸준히 성과를 이루며 서서히 명품학교의 틀을 잡아가고 있다. 이러한 세화고의 분투는 바로 학습 경쟁력 향상이라는 다양한 성과로 나타나고 있다.

2013학년도 국가 수준 학업성취도 평가 결과, 세화고는 기초학력미달 비율 '0'으로 제주에서 1위를 차지하였으며, 보통학력 이상 비율에서도 제주도 전체 고등학교에서 7위, 읍·면·지역 소재 고교 중에서 1위를 달성했다.

특히 최근 3년 동안 수도권 유명대학 합격률이 높아지면서 세화고 학부모들은 물론 제주도민까지 세화고에 대한 신뢰와 학생들의 진학 선호도가 점차 높아지고 있다. 세화고는 제주도민들과 학부모들의 높아지는 기대치를 만족시키면서 '창의·인성을 갖춘 글로벌 인재 육성'을 통한 미래를 여는 명품학교로 재탄생하고 있다.

세화고 역사상 최초의 공모교장으로 선임돼 제주의 고교 역사를 새롭게 쓰고 있는 김종식 교장선생님은 하나부터 열까지 교사의 도덕성이 학생들을 성장시킨다고 믿고 있는 공교육 신봉자이다. 김종식 교장선생님이 말하는 교사들이 가져야 할 교육철학은 어떤 것일까?

"선생님은 전문성보다는 도덕성이 더 중요하다고 봅니다. 교사는 말로 전하되 마음으로 가르쳐야 합니다. 저는 선생님들에게 학생들을 사랑하고 아끼며 열정을 다하길 요구합니다. 그리고 학생들에게 '정말 잘할 수 있는 것을 하고, 하고 싶은 것을 하라.'고 강조합니다. 학력은 기본이고, 사람의 향기가 날 수 있는 인성까지 겸비해야 한다고 보기 때문입니다. 그래서 저는 '3사로 가는 길'을 강조합니다. 인사하기, 감사하기, 봉사하기!"

지금까지 세화고를 빛낸 선배들은 눈부실 정도로 그 흔적이 화려하다. 현직 국회의원인 김우남 의원을 비롯해 〈모래시계〉 작가로 명성을 떨친 송지나 작가, 북경아시안게임 마라톤 우승자인 김원탁 등이 세화고를 빛낸 자랑스런 선배들이다.

현재 세화고가 학교 교육을 새롭게 만들어가고 있음에도 불구하고 여전히 공교육의 외곽에서 일어나고 있는 작은 변화로 여겨지기 쉬운 한계가 있다. 이러한 한계를 극복하고 공교육을 개혁하기 위한 교육 모형으로 자리 잡기 위해서는 다양한 전략이 필요하다.

세화고가 지속적으로 명문고의 위상을 유지하지 위해서는 우선 강점을 바탕으로 기회요인을 활용해야 한다. 일반계 고등학교의 명품 자격 가운데 하나는 학생들을 우수한 대학에 진학시키는 것이라는 것을 부정할 수 없다. 따라서 세화고는 농어촌 고등학교에 대한 정부의 지원정책을 적극적으로 활용하여 학생들의 학력 향상을 정점에 도달하도록 시스템을 구축하는 노력이 필요하다. 물론 세화고는 성적 향상을 위주로 하는 일반고와 달리 학생의 능력, 적성, 흥미에 따라 교육 내용, 방법, 속도 등을 달리하는 수준별 맞춤형 교육을 실행 중이다. 그러나 비원학사의 학력 향상 프로그램들은 우수한 프로그램 그 자체를 도입·적용하는 수준이라고 할 수 있다. 이러한 우수학생 중심의 학력 향상 프로그램은 모든 학생들을 위한 운영프로세스 중심의 학력 향상 방안으로 전환될 필요가 있다. 예를 들어, 학력 향상을 위한 프로그램 운영에 탐구공동체 학습법, 프로젝트 학습법, 스토리텔링 학습법 등 다양한 학습법을 도입하여 우수한 학생들과 보통학생들이 또는 우수한 학생들 간에도 토론하고 협력하면서 학습하는 방안을 모색해야 한다.

세화고가 처한 지역적 한계를 극복해 나가기 위해서는 제주시내권에 있는 학부모를 더욱 적극적으로 학교운영 참여에 유도할 필요가 있다. 마지막으로 학생 개개인에게 '꿈과 도전, 그리고 용기'의 신념을 심어주고 세화고를 명품학교로 발돋움시켜 온 그동안의 노력이 계속 이어지고, 현재의 명성을 지속적으로 이끌어가도록 하는 학교의 노력과 교육청의 행정적 지원이 필요하다.

세화고등학교의 이모저모

동아리 활동

지역봉사 활동

축제

청원고등학교는 2007년에 개교한 신흥 고등학교로 100대 교육과정 우수학교로 선정되어 벤치마킹의 대상이 된 창의인성 자율형 공립학교다. 국토순례 체험학습을 비롯한 학교 비전 자체가 '명품교육 실현으로 글로벌 인재육성'이라는 목표로 기초학력 강화와 수월성 교육을 위한 독특한 프로그램을 운영하고 있다. 창업마인드를 함양하는 경영 동아리를 비롯한 사제동행 및 행복 나눔, 부모와 친구가 함께하는 감동캠프들은 일반 학교에서 찾아볼 수 없는 꿈과 끼를 키우는 비장의 경쟁 프로그램이다.

02
충북 청원고등학교

전인 교육을 선도하는
미래지향적 행복학교

청원고등학교는 2010년 이후 '100대 교육과정 우수교'로 2회 선정되어 전국의 많은 학교에서 벤치마킹하는 등 공교육을 선도하고 있다.

충북 청원군 오창읍 구룡 5길 9번지에 위치한 청원고등학교는 2007년 개교 당시부터 개방형 자율학교, 자율형 공립고, 기숙형 고등학교, 창의인성모델학교를 운영하고 있다. '바른 인성과 참된 실력을 겸비한 창의적인 사람'을 목표로 차별화된 교과 교육과정 및 창의적 체험 활동 프로그램을 특성화·다양화하여 제공하고 있으며, 이를 통해 전인격적인 21세기가 요구하는 창의적 인재를 육성하는 행복한 학교문화를 조성하고 있다. 청원고등학교는 다양하고 혁신적인 교육 프로그램 운영으로 짧은 기간에 신흥 명문고로 부상하고 있다.

청원고등학교는 '2010 대한민국 좋은 학교 박람회' 참가, '2011 대한

민국 좋은 학교 박람회' 참가, '2012 미래학교' 선정, '2013 대한민국 행복학교 박람회' 참가 등 명품학교로 인정받으며 해마다 최고의 평가를 받고 있다.

이는 교육과정 및 프로그램을 특성화·다양화하여 전인 교육을 실현하고, 끼와 재능을 발현하는 다양한 방과 후 프로그램 및 동아리 활동, 꿈을 찾아가도록 지원하는 체험 중심의 프로그램을 운영하며 더불어 사는 인성 교육 프로그램을 바탕으로 행복한 학교문화를 조성하였기 때문이다. 청원고가 전인 교육을 선도하는 미래지향적인 학교, 모두가 행복한 명품학교가 될 수 있었던 비결을 살펴보고자 한다.

마음이 건강한 창의적인 인재 육성 철학

청원고등학교는 '학생이 미래의 희망이다.'라는 교육철학을 가지고 교훈인 '청심(淸心)'과 '정도(正道)'를 바탕으로 '건강하고 바른 품성을 지닌 창의적인 학생'을 육성함으로써 '바른 품성·으뜸 실력·튼튼 건강 Happy 청원고(바른 품성과 으뜸 실력을 겸비한 Global 인재육성)'라는 교육비전을 실현하고자 노력하고 있다.

철학적 의미는 '학생은 누구나 교육이 가능하고 교육을 통해 미래의 자기 자신과 세상을 바람직하게 바꿀 수 있다.'는 희망의 메시지이다. 이를 바탕으로 청원고는 학생은 '학력 신장보다 사람됨이 먼저다.'라는 생각과 '선생님이 행복해야 학생이 행복할 수 있다.'라는 생각으로 인성 교육을 최우선으로 하여 몸과 마음이 건강한 창의적인 인재를 육성함으로써 행복한 청원고를 만들어가고 있다.

청원고등학교는 '바른 인성과 참된 실력을 겸비한 창의적인 사람'이라는 목표를 이루기 위해 슬로건과 학교 비전을 만들고 그에 맞는 구체적인 교육 목표를 정하고 있다. 슬로건은 첫째로 세계로, 미래로, 으뜸 '청원고'이며, 둘째는 세계를 가슴에(Embrace the World), 셋째는 높은 이상, 따뜻한 마음, 넷째로 바른 인성, 참된 실력, 창의적인 사람 그리고 다섯째는 젊음, 열정, 도전(젊음 열정 그 이름으로 도전하라)이다. 한마디로 글로벌 인재에 맞는 희망과 열정을 이야기하고 있다고 하겠다.

인성과 실력을 겸비한 창의적 인재 양성

청원고의 학교 비전은 '명품교육 실현으로 global 인재육성'과 '좋은 학교를 넘어 자랑스러운 학교로 도약'이다. 공부 잘하는 학교, 진학성적이 좋은 학교가 아닌 학생들이 자랑스러워하는 학교를 만들기 위한 꿈을 품고 있다고 하겠다.

또한 교육 목표는 덕(德), 지(知), 체(體), 기(技), 예(禮)를 설정하여 체계적이며 몸과 마음과 행동에 있어 진정한 인재를 기르기 위한 바람을 엿볼 수 있다.

교육 목표를 구체적으로 살펴보면, 덕(德)은 마음으로 다양한 체험 활동을 통해 건전한 인격을 갖추는 것을 말한다. 지(知)는 머리로 기초, 기본능력을 토대로 창의성을 기르는 것이며, 체(體)는 몸으로 건강한 심신을 바탕으로 진취적인 태도를 기르는 것을 말한다. 기(技)는 손으로 정성과 소질을 계발하여 진로를 개척하는 것이며, 예(禮)는 행동으로 우리 전통과 문화를 익혀 세계 속에 발전시켜 나가는 것을 말한다.

학생 스스로 참여하는 인성 함양 교육

"형제의 수가 줄고, 맞벌이 부모가 많은 현대에는 학생들이 다른 사람과 소통하고 관계 맺는 것을 어렵게 생각합니다. 자연히 인성 함양에서 우려되는 부분이 많이 생겼습니다. 이 또한 학교에서 해야 할 몫이라 생각하고 청원고에서는 인성 함양 프로그램을 다양하게 운용했습니다. 결과는 아주 만족스럽습니다."

1학년 김 선생님은 인성 교육은 단지 흘러가는 유행이 아니라 학생들이 사회인으로서, 성인으로서 행복하게 살아가기 위한 필수조건이라고 한다. 실제로 청원고는 국토순례체험행진, 행복 나눔 봉사 동아리 운영, 학생 자치 정도법정, 인성체육 검도, 부모님과 함께하는 감동캠프 등 다양한 인성 함양 프로그램을 실시하고 있다. 이중 청원고를 대표할 만한 프로그램을 보다 자세히 살펴보기로 하자.

① 조국을 품안에 '국토순례체험행진'

청원고 전교생이 모두 참여하는 대표적 창의 인성 교육이다. 국토문화와 역사현장을 직접 체험하고 답사하면서 환경보존과 봉사 활동을 한다. 국토는 배경, 순례는 정신, 체험은 특색, 행진은 방법이다.

1·2학년은 중간고사 이후 5월에 4박 5일간, 3학년은 수능시험 이후에 2박 3일간 실시한다. 1학년은 '참 만남을 위하여'를 주제로 호미곶부터 해안가 도보순례를 시작으로 동해에서 학교로, 2학년은 '하나됨을 위

하여'를 주제로 땅끝 전망대를 시작으로 남해에서 학교로, 3학년은 '더 큰 나를 위하여'를 주제로 서해에서 학교로 해마다 국토순례체험행진을 실시한다.

단순히 국토순례만 하는 것이 아니라 기존의 야영, 수학여행, 소풍 등을 통합한 차별화된 체험 활동을 통해 국토의 소중함, 조상들의 얼과 우리 문화의 우수성을 배우고, 호연지기 기상으로 웅비하는 청원인을 기르는 3년 간의 프로젝트이다. 교실을 벗어나 더 큰 세상으로 나아가는 대장정(大長程)을 학생들에게 미리 심어주는 것이다.

② 이웃과 함께하는 '행복 나눔 봉사 동아리'

인성은 경쟁력이다. 청원고등학교에서는 전교생이 창의적 체험 활동의 일환으로 사회복지시설을 찾아 3년에 걸쳐 정기적인 봉사 활동을 한다. 봉사 활동을 통해 타인에게 행복을 전하며 더 큰 보람과 기쁨을 느끼고 있다. 청원고의 대표적인 봉사 동아리 활동으로는 충북 희망원 봉사 활동, '청주 소망의 집'과 충북시각장애인 도서관인 '무지개도서관' 등과 결연을 맺은 스페로(spero) 봉사 활동, 지역 내 다문화 초등학생과 결연을 맺고 하는 시블링(sibling) 봉사 활동, 교사가 꿈인 지역 내 어려운 학생들을 위한 푸른 교사 활동, 전교생이 참여하는 해외 기아 아동 살리기 운동인 굿네이버스 활동 등을 들 수 있다.

③ 바른 인성 함양을 위해 부모님과 함께하는 '감동캠프'

부모와 자녀가 한 팀이 되어 숲 명상을 통해 자신을 되돌아보고, 부모 역할 찾기를 위한 '부모코칭'과 학생들을 위한 '역사 속 리더에게서 배우기', '미래의 리더로서의 나'라는 프로그램을 통해 가족 간의 사랑과 진로 방향 설정의 기회를 제공하며, 타인을 존중하고 배려하는 마음을 통해 진정한 부모 자녀 간의 소통의 장을 마련하고 건전한 학교문화를 조성한다.

학생과 지역사회를 위한 열린 교육

더불어 사는 사회 구성원으로서 봉사 정신을 함양하고 봉사 활동의 생활화를 통해 공동체의식과 민주시민의식을 함양하며, 자신의 진로 설계에 적합한 봉사 활동을 통해 자아정체성을 확립하고 능동적이고 적극적인 진로 탐색을 한다.

이에 교사가 꿈인 학생들을 대상으로 '푸른 교사' 동아리를 구성하여 지역사회 인근 중학교와 결연을 맺고 지속적이고 체계적인 교육 봉사를 한다.

희망자를 대상으로 교과 성적과 오디션을 통해 선발된 봉사자들이 매월 1, 3주 토요일에 인근 중학교(각리중, 양청중) 학생들을 본교로 오게 하여 두 시간씩 지속적으로 국어, 영어, 수학 세 과목을 지도한다. 자발적으로 참여한 동아리 구성원들은 학생들을 직접 가르치는 경험을 통해 자신의 적성과 진로에 대하여 깊이 탐색할 수 있으며, 자신이 지도하는 교과목에 대해 폭넓게 이해하고 학업성적이 향상되었다.

청심학사 운영 프로그램

청원고등학교의 교육 프로그램은 청심학사에서 시작해 청심학사로 끝난다. 한마디로 청원고만의 지역특성과 공교육 의지가 그대로 반영된 독특한 교육 프로그램이 아닐 수 없다. 청심학사 운영은 크게 신입생들의 기초학력을 강화하기 위한 학습력 향상 프로그램과 우수학생을 위한 수월성 교육, 충북 지역 교육을 선도하는 학습 나눔 운동, 그리고 전학년 기숙사생활을 백분 활용한 인성 함양 교육으로 운영되고 있다. 청심학사 교육 프로그램의 보다 자세한 운영방법을 살펴보면 다음과 같다.

① 기초학력 강화를 위한 신입생 아카데미

고등학교에서의 공부는 중학교 때와 달라서 신입생들은 낯설고 적응하기 어려운 경우가 많다. 그래서 청원고등학교에서는 이를 위해 새로운 프로그램을 만들었다. 신입생 아카데미가 그것이다. 신입생 아카데미는 국어, 영어, 수학 세 과목에 대해 신입생 진단평가 후, 기초 학력이 부족한 학생들을 선발하여 고등학교 공부를 위한 기초를 다진다.

"중학교 때 성적이 뒤떨어지는 것은 아닌데 국·영·수 기초가 다소 약한 점이 있었죠. 고등학교는 중학교 때와 다르다고 말들을 하셔서 많이 걱정했어요. 처음에 신입생 아카데미에 들어갔을 때는 제가 여기 왜 있어야 하나 생각도 했어요. 그런데 시간이 지나면서 마음이 달라졌어요. 늘 기초과목이 약해 공부에 자신이 없었는데, 이젠 해볼 만하다는 생각이 들어요."

신입생 아카데미 과정을 마친 박 군은 앞으로 펼쳐질 고등학교의 3년을 새로운 자신감으로 보낼 수 있을 거라고 말한다.

② 수월성 교육을 위한 청심반(淸心半) 운영

학력과 창의·인성 교육의 조화를 추구하여 학력이 우수한 학생들에게 심화된 수업을 제공하며 집중 관리한다. 또한 학년별 담임 사감제(舍監制)를 통해 수시로 깊이 있는 상담과 진로지도를 병행한다.

교과별 심화 수업과 함께 영어듣기, 논·구술 수업, 인터넷 강의 수강 등 학생들의 수요에 따라 다양한 강좌를 수시로 개설하여 학생과 학부모들의 요구에 부응한다. 또한 기숙형 고교 프로그램 지원비로 교육비의 일부를 지원하여 학부모의 경제적인 부담을 경감시키고 있다.

지도교사 및 선후배 간에 교과별 멘토 수업을 실시하며 학습 동아리를 운영하여 탐구토론학습을 진행하고 있다. 청심반 학생들은 이렇게 학업에 정진하여 우수한 학업성취도를 나타내며 해마다 대학 입시에서 뛰어난 실적을 거두고 있다.

③ 돌봄과 교육이 함께하는 정도반 운영

청원고등학교는 지역교육을 선도하는 기숙형 고등학교로서 교육적 여건이 어려운 학생들을 대상으로 돌봄과 교육을 함께 수행하기 위해 정도반을 운영한다.

사회적 배려대상자를 우선 선발하고 원거리 학생을 위해 지역별로 안배하여 선발하고 있다. 학년별 담임 사감과 7명의 전문 사감의 보살핌 속에 학생은 가정처럼 편안한 기숙사생활을 하면서 학업에 정진하고 있다. 기숙사생활도 학습면에서 장점과 함께 돌봄의 기능이 부가되어 정도반 학생들은 남다른 학력 향상 실적을 보이고 있다.

창의성 신장을 위한 활동 프로그램

청원고에서는 재학생들의 창의력을 향상시키고 스스로 주체성을 함양할 수 있는 다양한 창의성 신장 프로그램을 만들어 효과적으로 운영하고 있다. 청원고가 자랑하는 창의성 신장 활동 프로그램으로는 글로벌 리더십 캠프와 플래시몹 자유토론, 자기주도적 프로젝트 '학습 과제 연구', '사제동행 독서논술' 등을 들 수 있다.

① 공감, 열정, 창의의 '글로벌 리더십 캠프'

청원고는 '꿈을 향한 도전, 세계를 품는 열정!'을 캐치프레이즈로 21세기 다원화 시대를 선도하는 인재 양성을 위한 다채로운 체험 활동을 벌이고 있다. 리더로서의 자질 함양을 위한 '리더십 특강', 사회 전반에 걸친 다양한 주제에 대하여 모둠별로 문제해결방안을 제시하는 '토론 활동', 나의 주장과 나의 꿈 발표 및 협상게임 등의 '리더십 트레이닝'을 통해 목표의식, 경청과 배려, 자기관리능력, 긍정적인 사고 등을 함양한다. 또한 '다문화 이해 활동', '영어로 자기소개하기' 등 다양한 프로그램을 운영해 학생들에게 세계화 시대에 필수적인 의사소통능력과 자기 표현력을 기르는 기회로 삼도록 하고 있다. 매주 수요일 점심시간 '플래시몹'을 통해 참가자를 선발하며, 모든 프로그램은 학생들이 진행한다.

② 형식적인 토론은 가라! 소통기법 향상 '플래시몹 자유토론'

"지금, 플래시몹 자유토론에 가요. 우리들이 관심 있어 하는 재미있는 주제가 많아요. 옛날 그리스 철학자들이 아고라 광장에 모여 토론하는 것과 비슷해요. 아주 흥미로워요."

점심시간을 알리는 종이 울린 지 얼마 지나지 않았는데 학교 광장으로 학생들이 하나 둘 모이고 있었다. 2학년에 재학중인 윤 군도 급히 그곳으로 뛰어간다. 윤 군은 오늘은 자신이 평소 생각한 주제로 토론을 이끌어 볼 생각이다.

청원고에서는 학생들의 소통기법 향상을 위해 매주 수요일 점심시간 플래시몹 토론 활동을 진행한다. 그것도 게릴라 토론으로 한다. 학교 광장에 모인 참가 학생들은 나의 꿈, 싸이 열풍, 동북공정, 오타쿠 문화, 북핵문제 등 다양한 주제에 대한 의견을 각자의 관점에서 자유롭게 펼친다. 이러한 토론의 장에서 자신의 생각을 논리적으로 구상하고 청중들을 설득하는 과정을 통해 소통기법을 향상한다.

③ 문제해결력 신장을 이끄는 자기주도적 프로젝트 학습 '과제연구'

개인 또는 5명 이내의 학생이 모여 학생 주도적으로 과제를 선정해 일정 기간 연구를 수행한다. 연구자 소양과 팀원 간 협동으로 난제를 해결하는 태도 등을 기를 수 있다. 3월에는 연구주제 선정 및 전체계획서 작성 및 제출과 멘토교사 지정이 이뤄진다. 6월까지는 집중 연구를 실시하며, 최종 과제연구보고서를 작성해 제출한다. 7월에는 1차 심사를 거쳐 산출물과 보고서를 전시 및 발표하는 학술발표대회가 열린다.

④ 선생님과 함께하는 교양과 내공을 키워주는 '사제동행 독서논술'

한 달을 주기로 서너 권의 책을 선정하여 선생님과 학생이 함께 읽고 공감하며 세대간 사고의 지평을 넓히고, 대입시 전형과 연계하여 논술시험까지 치르는 사제동행 프로그램이다. 여러 분야의 책이 선정되므로 학생들은 자신의 진로나 관심분야의 책을 골라 읽으면서 창의적 사고력과 논리력을 확장하고, 사제가 동행함으로써 사랑과 존경을 실천할 수 있다.

지역사회와 함께하는 지식 나눔 프로그램

청원고는 충청북도를 대표하는 명품고교답게 지역사회와 연계한 다양한 지식 나눔 프로그램들을 운영해 충북 교육을 선도하고 있다. 이를 통해 재학생들에게는 자랑스러운 내 고장의 역사와 문화를 제대로 알게 하고, 지역 연구소와 기업과는 원활한 인재 교류를 하며, 자라나는 후배들에게는 자랑스러운 지역 명품고의 위상을 확고히 다지는 데 큰 몫을 담당하고 있다.

① 내 고장 알기 프로그램

충북 교육을 선도하는 청원고는 학생들에게 자랑스러운 내 고장의 역사와 문화 체험을 통해 충북인으로서의 긍지와 자부심을 높이고 고향을 사랑하는 글로벌 리더로의 성장을 꿈꾸게 하고 있다. 이를 위해 충청북도 내 각 시·군에 대한 이해를 넓히는 프로그램을 실시하고 있다.

매월 셋째 주 토요일에 청심학사생 중 희망자를 대상으로 하나의 시·군을 방문하여 고장의 역사적 의의와 자랑스러운 인물을 탐구하며, 그 고장에서 시행하고 있는 중점 사업과 현재 각 시·군이 겪고 있는 어려움을 파악하면서 각 지역의 행정을 체험하고 있다. 또한 각 고장의 역사 유적과 명소를 탐방하면서 애향심을 기르기 위해 노력하고 있다. 학생들은 행정 체험을 통해 글로벌 리더의 자질을 함양하며, 충북 발전에 이바지할 수 있는 인재로 자라나고 있다.

② 교육기부와 연계한 '이공계 진로탐색 프로젝트'

충북 청원군 오창과학단지에 위치한 입지적 장점에 따라, 교육기부에 나선 인근 대학과 연구소의 교수, 이공학 박사, 연구사 등 지역의 인적·물적 자원을 활용한 이공계 진로 및 과학 프로그램 심화캠프이다.

지역의 대학 및 연구소와 연계하여 이공계 심화캠프를 운영하고, 대학 교수, 연구원, 대학원생 등과 멘토-멘티를 맺어 구체적인 진로탐색 기회를 준다. 학습 부담이 적은 방학기간을 이용해 전문적인 심화과정을 체험하도록 하여 학생들의 흥미를 유도하고 이공계 진로탐색의 기회도 제공한다.

뇌과학캠프(충북대학교 의과대학), 천문학캠프(충북과학교육연구원), 화학캠프(한국화학연구원, KAIST), 멘토-멘티 전공심화캠프, 한국여성과학기술인지원센터와 연계한 미리 가는 연구실, 여고생 공학캠프(이상 한국교원대학교) 자기공명캠프(한국기초과학지원연구원) 등 전공별 테마 프로그램으로 구성되며, 학습주제에 적합한 특색 있는 심화 수업, 실험실습, 데모 연구, 특강, 탐방 활동 등의 수업 방식으로 진행된다.

③ 창업 마인드를 함양하는 '경영 동아리 CEOs'

청원고등학교는 첨단기업이 많이 있는 오창과학단지 내에 위치하고 있다는 장점을 살린 동아리가 있다. 청원고 경영 동아리 CEOs는 작지만 강한 기업을 찾아다니며 CEO의 경영철학 강의를 듣고 창업 마인드를 함양한다. (주)아이앤에스, (주)아임삭, (주)에코프로 등을 방문하였으며, 방문하는 회사마다 명문 청원고의 방문을 환대하였고 학생들 또한 CEO의 열정을 배워 온다.

학생 스스로 즐겁고 활기찬 학교생활을 영위하는 학생 자치 활동

청원고는 재학생 스스로 능동적인 학교생활을 하고, 선후배와의 돈독한 정을 나누며, 또래의 끼를 마음껏 펼치며 학창시절의 아름다운 한때를 만끽하는 다양한 자치 활동을 운영하고 있다. 청원고의 다양한 학생 자치 활동을 소개하면 다음과 같다.

① 학교 스포츠 클럽 활성화

청원고등학교 학생들은 공부뿐만 아니라 운동에도 관심이 많다. 축구, 농구, 탁구, 배드민턴, 골프, 마라톤 등 자신이 좋아하는 스포츠 클럽을 만들어 틈틈이 활동한다. 특히 매주 토요스포츠데이를 운영하여 학생의 건강한 신체 단련을 돕고 있다.

청원고등학교의 전통 중의 하나는 대청호반 마라톤 대회에 전교생이 참가하는 것으로, 극한 상황에서도 자신을 이겨내는 인내를 배우는 것이다. 또한 선생님과 함께하는 백두대간 탐방 산행교실도 학생과 학부모로부터 큰 호응을 얻고 있다.

② 젊음, 열정, 화합의 하모니! 청심축전

여름방학을 앞두고 이틀의 일정으로 진행되는 청원고등학교 축제인 '청심축전'은 연극, 뮤지컬, 댄스, 노래 등 '다양한 공연'과 독서 골든벨, 과제연구 발표회 본선, 교내 토론대회 결승전 등 '학술 행사', 그리고 동아리들이 주도하는 '체험 마당'과 '동아리 결과 발표회'로 진행되며, 끼와 감성을 발휘한다.

③ 느끼는 문학! 맛보는 문학! 가을 문학캠프

문학캠프는 개별 활동과 모둠 활동을 병행 실시하여 문학적 감수성과 함께 공동체의식을 함양한다. 모둠별로 모여서 모둠 이름을 정하고 소개하기, 모둠별 공동 시창작 및 시화 제작, 구룡지에서 진행되는 가을밤 호수의 노래, 백일장, 작품 발표회 등의 프로그램이 진행된다. 이러한 활동을 통해서 문학작품을 능동적으로 향유하고 스스로 표현해 봄으로써 문학에 대한 이해도와 표현력, 감성을 신장시킨다.

④ 꿈과 끼를 키우는 다양한 동아리 활동

꿈과 재능이 비슷한 학생들로 구성된 동아리에 자발적으로 참여하여 자신의 잠재능력을 계발하고, 꿈과 재능을 최대한 신장시킨다. 동아리 활동을 통하여 자신의 재능에 대한 이해를 바탕으로 진로 탐색의 계기를 만든다.

창의적 체험 활동 교육과정 내 42개의 동아리(진로탐색 동아리 '꿈 알리미', 천문 관측 동아리 '별이 빛나는 밤에', 국제이해 활동 동아리 '유네스코' 등)가 있으며, 35개의 자율 동아리(교육 봉사 동아리 '푸른 교사', 과학탐구 동아리 'ETC', 스포츠 특기 적성 동아리 '슈프림' 등)가 방과 후에 활동하고 있다.

청원고의 오늘과 내일

청원고등학교는 개교 당시부터 개방형 자율학교, 자율형 공립고, 기숙형고등학교, 창의인성모델학교를 운영하고 있으며, 각종 체험학습과 차별화된 인성 교육으로 창의적 인재 양성을 하고 있다. 각종 박람회에서 명품학교로 인정받으며 해마다 최고의 평가를 받고 있다.

2006년에는 전국 최초로 지정받은 개방형 자율학교가 되었고, 2009년에는 전국 최초로 자율형 공립고로 지정받았다. 학력 면에서도 전국 자율형 공립고 중 1위 및 충북 전체 고등학교 중 1위를 차지했다. 2014학년도 대학 진학에서도 우수한 실적이 이어지고 있다. 뛰어난 진학 실적은 신입생들의 입학 성적으로 이어져서 현재 청원고 입학생의 상당수는 중학교에서 상위 5% 이내에 드는 학생들이며 신입생 모집 경쟁률도 높다.

청원고등학교는 공모교장을 비롯한 교직원들과 우수한 실력과 바른 인성을 갖춘 학생들, 자녀 교육과 학교 교육 활동에 적극적으로 참여하는 학부모, 많은 장학금 지원과 인적·물적 교육 기부를 아끼지 않는 지역사회가 시너지 효과를 발휘하면서 더욱 발전할 것으로 주위의 기대를 받고 있다.

오창산업단지 입주 기업 등 지역사회의 장학금 기탁

오창산업단지에 위치한 친환경 매트 생산업체 (주)아이앤에스(대표 차태환)은 2011년부터 해마다 청원고등학교에 2,200만 원의 장학금을 기탁하여 3년간 100여 명의 학생들이 경제적 어려움 없이 학업에 전념할 수 있도록 도움을 주었다. 이밖에도 (주)유니언스 장학금, (주)HS건설 장학금, (주)네패스 장학금, (주)메타바이오메드 장학금, (주)명정보기술 장학금, (주)선프라자컨벤션 장학금 등 각종 장학재단 및 지역사회의 장학금과 학교운영위원회 장학금, 학부모회 장학금, 동문회 장학금, 교내 장학금 등을 합쳐서 연간 150여 명의 학생이 1억 5천만 원에 가까운 장학금을 받으며 학업에 정진하고 있다.

학교 시설 및 환경

2007년 개교한 신설학교임에도 현재는 도내 중학교 상위 5% 이내의 학생들이 입학할 정도로 모두가 선망하는 학교로 발돋움하였다. 이는 교육과정 및 프로그램을 특성화·다양화하여 전인 교육을 실현하고, 끼와 재능을 발현하는 다양한 방과 후 프로그램 및 동아리 활동, 꿈을 찾아가도록 지원하는 체험 중심의 프로그램 운영, 더불어 사는 인성 교육 프로그램을 바탕으로 행복한 학교문화를 조성하였기 때문이다.

공모교장과 100% 초빙교사로 구성되어 있으며, 46명의 교사 모두 수업기술은 물론 교육적 열의와 책무성이 뛰어나다(박사 6명, 석사 17명). 또한 전인 교육을 실천하고자 하는 의지가 강하며, 사랑과 존경이 충만한 학교를 만드는 데 최선의 노력을 한다.

학교 주변에 오창과학산업단지가 위치하고 있어서 주변의 연구소와 기업체와 연계한 진로탐색 프로그램 등의 운영이 용이하며, 충분한 녹지 휴게 공간이 정서적으로 안정된 교육 환경을 조성하고, 지역사회의 관심이 높다.

공원이 인접한 쾌적한 환경에 자리 잡고 있으며 BTL업체(관리용역업체)가 학교를 관리하고 청소하여 연중 청결한 환경을 유지한다. 교과 교실 및 다양한 특별실을 갖추고 첨단 학습 기자재를 완비하고 있다. 또한 전교생의 60% 이상(420명)을 수용하는 기숙사(청심학사)도 갖추고 있다.

청원고등학교의 내일

21세기 지식정보화 사회는 올바른 인성을 지닌 창의적인 인재를 요구하고 있다. 청원고는 교훈인 '청심(淸心)'과 '정도(正道)'를 바탕으로 '건강하고 바른 품성을 지닌 창의적인 학생'을 육성함으로써 '바른 품성 · 으뜸 실력 · 튼튼건강 Happy 청원고(바른 품성과 으뜸 실력을 겸비한 Global 인재 육성)'라는 교육 비전 실현을 통해 21세기가 원하는 창의적인 인재를 육성하려고 한다.

또한 청원고는 '학생이 미래의 희망이다.' 라는 교육철학을 가지고 섬김경영, 민주경영, 본질경영, 합리경영을 실천하여 '전인 교육을 선도하는 전국 최고의 명문고 도약' 이라는 경영목표를 이루도록 교장 이하 전 교사가 노력하고 있다.

청원고는 '자율형 공립고'인 동시에 '기숙형 고등학교'이다. 자율형 공립고의 취지에 맞게 차별화된 진로집중 교육과정 편성 · 운영과 100% 초빙교사로 학생의 수준에 맞는 특성화된 교육 프로그램을 제공하고 있다. 그리고 기숙형 고등학교의 방과 후 교육 프로그램을 효율적으로 운영하여 학생의 학업성취도 향상 및 사교육비 경감 등을 실현함으로써 교육 수요자의 만족도를 제고하는 공교육의 새로운 모델을 제시하고자 한다.

청원고는 무한경쟁으로 1등만을 지향하는 학교가 아니라 '모든 학생이 만족하는 행복한 학교'를 학교경영의 핵심가치로 삼아 충북 교육의 기본방향인 '즐거운 배움', '따뜻한 품성', '신나는 학교'를 만들 수 있도록 작은 밀알의 역할에 충실할 것이다. 아울러 교육의 본질인 전인 교육과 교육의 현실인 진로진학의 두 마리 토끼를 잡도록 지원하여 '바른 품성과 으뜸 실력을 겸비한 Global 인재육성'을 실현할 것이다.

'100톤(10,000그램)의 생각보다 1그램의 실천이 더 중요하다.'라는 말이 있다. 청원고는 교장선생님에서부터 일선 선생님까지 모두 솔선수범하여 '지금부터, 나부터, 작은 것부터 하자.'를 실천하려고 한다. 이를 통해 구성원들과 한마음 한뜻으로 학교 교육 목표 실현과 교육 비전 구현을 위해 끊임없는 연구와 노력을 게을리하지 않을 것이다.

청원고등학교의 이모저모

국토순례체험행진

새내기 배움터

플래시 몹 활동

사람들이 서로 도와 널리 사람을 이롭게 하는, 아름다운 공동체를 이루자는 '홍익인간'이 설립이념인 만큼, '창의적이고 미래지향적인 차세대 여성지도자 양성'이 교육 목표이다. 홍익대 교정 내에 설립 운영하였으나 2012년 8월에 마포구 성미산에 '명품 친환경 숲속학교'의 기치를 걸고 교사(校舍)를 신축하여 이전하는 제2의 개교를 하였다. 혁신 또 혁신하는 수업방법은 교사의 질 향상을 통해 평준화된 학생의 실력을 향상시키는 원동력이며 정도(正道)를 걷는 양심이 살아 숨 쉬는 교육 현장이다.

03
홍익대사대부속여자고등학교

차별화된 명품수업을 실천하는
차세대 여성지도자 육성의 요람

'홍익인간(弘益人間)'은 대한민국 건국이념이자 교육이념이다. 또한 학교법인 홍익학원의 설립이념이자 홍익대사대부속여고가 추구하는 인간상이다. 말하자면 교육을 통해 사람들이 서로 도와 널리 사람을 이롭게 하는 아름다운 공동체를 이루자는 것이 설립이념이라고 할 수 있다.

홍익대사대부속여고는 2012년 홍익대학교 캠퍼스 내에 있던 부속학교를 마포구청 앞에 있는 성미산 자락으로 이전했다. 학교 이전을 계획하면서 수업환경 및 방식에 대한 연구와 토론을 통해 학생들의 참여도를 높일 수 있는 수업 방안을 모색한 결과 교과교실제 시행방안을 채택했다. 그리고 학교 이전과 동시에 교과교실제를 전면적으로 실시할 수 있도록 충분한 교실 수를 확보하였다.

선생님들은 정해진 교실에서 효율성을 높일 수 있는 수업을 준비할 수 있었다. 책상의 배열이나 수업환경도 선생님의 수업방식에 맞게 조정하여 최고의 효율을 내는 수업을 진행한다. 그 결과 국가수준 학업성취도 평가에서 우수 학력 학생의 비중이 대폭 상승했고, 기초학력 미달 학생이 거의 없게 되는 결실을 이루었다. 수업환경이나 수업방식에서 다른 학교와 차별화된 홍익대사대부속여고만의 명품수업이 이루어진 덕분이다.

교사들의 열성적인 수업 준비와 수업방식의 혁신, 학생들의 인성 함양을 위한 학교의 꾸준한 노력이 지역사회에 전달되어 학교에 대한 지역사회의 호감도가 상승하고 있다. 그 결과 높아진 지역 내 학부모와 중학생의 선호도가 고등학교 진학 선택에서의 높은 지원율로 나타나고 있다.

아름답고 슬기롭고 부지런한 여성지도자

홍익대사대부속여고는 홍익인간의 이념 실현을 위해, '창의적이고 미래지향적인 차세대 여성지도자 양성'이라는 목표를 갖고 설립되었다. 그리고 2012년 8월에 마포구 성산동에 있는 성미산(마포구 성미산로 51)에 '명품 친환경 숲속학교'의 기치를 걸고 교사(校舍)를 신축하여 이전하는 제2의 개교를 하였다. 40년 넘게 여성 교육의 산실로서, 그 이름에 걸맞은 역할을 수행하고 있다고 자부하고 있다.

홍익대사대부속여고의 교훈은 '아름다워라· 슬기로워라· 부지런하라.'이다. 아름다워라(美)는 '아름답고 품위 있으며 사랑과 관용, 겸양의

미덕을 갖춘 여성'을 상징한다. 슬기로워라(慧)는 '창조와 협동, 봉사하는 슬기로운 여성'이라는 의미를 담고 있으며, 부지런하라(勤)는 '능률과 실질을 숭상하고 검소하며 자립하는 합리적 여성'을 의미한다.

교복은 교표를 근간으로, 청초하고 생동하는 젊음을 상징하면서도 희망과 발전의 뜻이 담겨 있는 녹색을 바탕으로 흰색 블라우스를 입어 아름다운 조화를 이루고 있다.

교화(校花)는 장미다. 장미는 다양한 색상과 짙은 향기로 세계인의 사랑을 받는 꽃이다. 꽃은 고결한 품위, 부드러우면서도 화려한 여성적 향기를 담고 있다. 그리고 가시는 예리한 이지적 판단력과 지성을 나타내고 있다는 의미에서 세상에 이익이 되라는 설립이념의 가치를 내포하고 있다.

교목(校木)은 봉황이 깃을 친다는 전설적 나무인 벽오동이다. 봉황이 나타날 때는 반드시 성인이 함께 나타나 세상을 평화롭게 한다고 전해진다. 벽오동에 담겨진 의미는 학문의 요람으로써 널리 인간을 이롭게 하는 인재를 기르고자 하는 홍익대사대부속여고의 교육이념인 '홍익인간'과 일치된다.

교표, 교화 및 교목은 결국 '인간을 널리 이롭게 하는 창의적이고 미래지향적인 인재 양성'이라는 홍익대사대부속여고의 교육 목표를 잘 나타내는 표상들이다.

참여성을 키우는 교양 교육

"우리 학교는 교훈이 그러하듯이 깊이 있는 내면의 아름다움을 지닌 지혜롭고 부지런한 참 여성을 키워내며 명문사학의 전통을 이어가고 있습니다. 경쟁 위주의 교육 환경에서 자칫 놓치기 쉬운 건전한 인격과 넓은 교양을 갖춘 학생을 배출하기 위하여, 친구들과 선생님들의 추천으로 시상하는 '홍익 인품상', 클래식 음악으로 매일 아침을 시작하도록 하는 '아침을 여는 음악' 방송, 선생님들이 직접 쓴 원고로 진행하는 '명상의 시간' 등 정서적인 안정을 위한 우리 학교만의 프로그램이 이 외에도 많습니다. 사랑과 정성으로 키워낸 우리 학교의 자랑스런 졸업생들은 학계와 재계, 그리고 각종 전문직종에서 시대를 리드하는 여성으로 활발하게 활동하고 있습니다."

홍익대사대부속여고 송인숙 교장선생님이 강조하는 교육 목표는 바로 내면의 아름다움을 갖춘 교양인 양성이다. 이를 위해 교장선생님은 일상생활에서 덕성을 실천할 수 있는 여성이 되기를 간절히 바란다. 홍익대사대부속여고는 이러한 덕성을 길러 차세대를 이끌어갈 여성지도자 양성의 요람으로 우뚝 설 것으로 기대되고 있다.

인성 교육의 걸작

홍익대사대부속여고는 개교한 이래 지금까지 이러한 특색교육을 '예(禮)로 서다.'와 '악(樂)으로 이루다.'란 프로그램으로 유지, 발전시켜왔다.

'예(禮)로 서다.'는 전통예절 교육을 통해 전통문화에 대한 긍지와 민족 주체성 함양이라는 목표로 진행한다. 이 프로그램은 '전통음악 익히기, 전통예절 교육 및 효 정신 체득을 위한 민족 주체성 함양, 식사예절 및 상차림 익히기, 부모님 초대의 날'로 구성되어 있다. 궁극적으로 예절에 입각한 미래지향적 여성지도자를 양성하려는 것이다. 마지막 날에 실시하는 '학부모 초대의 날'에는 생활관 실습을 통해 배운 예절 활동을 부모님께 보여 드리고 효(孝)의 진정한 의미를 깨닫는 귀중한 기회를 제공한다.

'악(樂)으로 이루다.'는 1, 2학년 학생 전원이 음악시간을 통해 가야금을 배우게 되며, 가야금으로 배운 민요에 타악기로 반주 장단을 넣을 수 있게 된다. 또한 자신의 희망에 따라 단소, 대금, 거문고, 해금, 사물놀이 등을 더 배울 수 있다. 이 전통음악 활동을 통하여 우리 전통음악에 대한 친밀감과 우수성을 갖게 되어 민족문화에 긍지를 가진 여성으로 거듭나게 된다.

홍익대사대부속여고는 개교 이래 46년간 이어진 특활발표회 및 홍익음악제를 통해 연주 솜씨를 뽐낸다. 학생들은 개성과 잠재능력을 계발하여, 온화하고 타인에게 봉사할 줄 아는 덕성을 함양한다.

학력 수준별 욕구를 충족시키는 개인별 맞춤 교육

학력 수준별 욕구를 충족시키는 다양한 프로그램

"같은 나이이고 같은 학교를 다니지만 생긴 건 다 다르잖아요. 그만큼 실력이나 바라는 것도 다양해요. 그런데 학교에서 우리들 수준에 맞게 다양한 수업을 하고 있어서 좋아요. 각자 자기 수준에 맞는 수업을 통해 실력을 쌓을 수 있으니까요. 대만족이에요."

2학년에 다니는 박 양은 학생들이 수준별 수업방식에 만족하고 있다며 이렇게 말한다.

한 교실 내에는 다양한 수준과 욕구를 가진 학생들이 있기 때문에 다양한 수준의 교육과 참여를 유도하는 수업 방식이 필요하다. 홍익대사대부속여고에는 각 수준에 맞고 학생들의 참여 희망을 우선으로 하는 다양한 프로그램을 운영한다. 최우수 학생 프로그램, 기초학력 미달 학생 프로그램, 집중 탐구 프로그램, 융합인재교육 프로그램, 독서토론 프로그램, 독서 윤독 프로그램들이 그것들이다. 이중 중요한 프로그램을 소개하면 다음과 같다.

① 최우수 학생들을 위한 교육

최상위 학생들의 욕구 충족을 위해 방과 후 학교 및 토요 프로그램을 활용한 집중 토론반, 심화반, 인근 학교 연계프로그램(MGT-Mapo Golden Triangle) 등이 있다.

MGT 프로그램은 주변 3개교에서 선발된 최정예 교사들이 학교별 30~40여 명씩 선정된 최우수 학생들에게 인문 및 자연 논술을 집중 교육하는 프로그램이다.

② 기초학력 미달 학생들을 위한 '클로버' 교육

기초학력이 부족한 학생들에게 할 수 있다는 자신감과 배움의 즐거움을 주기 위해 만들어졌다. 영어와 수학 선생님들이 특별지도를 하고 대학생 재능기부로 1대1의 학습이 이루어진다. 또 배우미-도우미 제도를 도입하고 있다. 학습 효과가 매우 높고, 교우관계에도 좋은 영향을 미치고 있다.

③ 융합인재 교육의 일환인 '멀티 터치북' 제작

희망 학생들이 문학, 음악, 체육, 미술, 과학, 수학, 영어, 사회과학, 역사 등 다양한 분야의 선생님들로부터 200시간의 전문적인 교육을 받은 뒤 전자책(E-book)의 일종인 멀티 터치 북(Multi-touch Book)을 제작한다. 그리고 지자체 및 학교 인근 기관의 전문가들이 모인 자리에서 발표회를 갖는다. 200시간의 교육 기간 동안에는 전문가 초청 강연 및 다양한 자료 연구를 위한 체험학습을 진행하게 된다.

④ 독서 토론 동아리 활동인 '독토(讀討)' 교육

독토 1, 2호는 인문계 학생들로 구성되고, '독토 3호'는 자연계 학생들로 구성한다. 매월 2권의 도서를 읽고 독서 노트를 작성한 후 소그룹별 토론 및 토론 노트를 작성한다. 연간 12~18권의 전문서적을 읽고 다양한 질문과 토론을 통하여 내용을 심층적으로 이해하고 분석한다. 12월에는 학생 활동을 종합한 '스무 가지 질문, 오백 개의 해답'이라는 서적을 출간하고 종합 발표회를 갖는다. 비판능력을 갖춘 지식인을 양성하는 데 기여하고 있다.

지역사회의 요구를 충족하는 교육과정 - 인문, 자연, 예능계열 편성

홍익대사대부속여고는 지리적으로 홍익대학교의 문화에 영향을 받는 환경에 노출되어 있다. 음악과 예술의 거리, 젊은이들의 끼가 발산되는 창의성과 다양성이 공존하는 공간이다.

단순히 인문과정과 자연과정으로 구분되는 교육과정 외에, 학교는 학생들에게 예능에 대한 소질을 펼칠 수 있는 기회를 제공하고자 3학년에 예능과정을 개설하였다.

즉, 3학년 교육과정 편성을 인문사회계, 자연이공계, 그리고 예능계열로 운영한다. 제2외국어 역시 지역사회 및 학부모들의 요청에 의해 프랑스어, 중국어, 일본어를 개설하고 학생들의 희망선택에 의해 교육과정을 운영하고 있다. 교과목도 학생들의 선택권을 최대한 보장하도록 구성하여 다양한 선택과목을 제시하고 있으며 소수의 학생들이 선택하는 과목도 개설했다.

혁신 또 혁신하는 수업방법

영어 수업은 실질적인 의사소통능력을 배양하기 위하여 영어환경에 많이 노출시키고자 가능한 영어로 수업을 진행하고 있다. 또한 교사의 수업지도를 받은 후에는 소규모 그룹 활동으로 학생들이 스스로 참여하여 문제를 해결하는 프로젝트 수업 및 협력형 수업을 진행한다.

홍익대사대부속여고에 입학하는 학생들은 1, 2학년 동안 약 4천 단어를 암기하여야 하고 학년에 맞게 수준별로 진행하는 어휘능력 평가를 통과해야만 한다.

학기말에는 'Summer/Winter English Concert'라는 프로그램을 운용한다. 학생들은 한 학기 동안 배운 것을 총동원하여 영어연극, 팝송 부르기, 영어말하기 등 다양한 형태로 끼와 영어능력을 펼친다. 영어에 대한 불안감으로 인한 소극적인 학습태도를 극복하고, 영어를 흥미 있는 과목으로 느끼게 하기 위함이다.

정규 수업시간에는 3개 학급을 5개 수준으로 나누어(수학교과도 5수준 분반 수업) 수준별 수업을 진행하고 있다. 학생들은 각 수준에 맞는 단계의 수업을 본인의 희망에 따라 선택할 수 있다. 소규모의 학급으로 수업을 할 수 있기 때문에 수준에 맞는 학생들이 협력형 수업을 하게 되어 수업의 집중도와 효과는 매우 크다.

열정에 넘치는 교사들

홍익대사대부속여고는 체계화되고 투명하며 공정한 임용 절차를 거치고 있다. 이로써 올바른 인성과 우수한 능력을 갖춘 교사가 임용된다. 채용과정 중에는 누구도 특정 지원자에 대해서 사견을 제시하거나 청탁할 수 없다. 홍익학원 교사들은 모두 이 과정을 거쳐 임용된 만큼 명품 교사들로서의 자부심이 남다르다.

교사 선발 과정은 지원자의 서류 제출, 전체 지원자에 대한 필기시험(교육학 및 전공시험), 서류 심사, 수업시강 및 면접, 엄정하고 공정한 심사 및 심층면접을 거친다.

일취월장을 실현하는 선생님

교사로서의 올바른 인성과 실력을 겸비하고 엄정한 채용과정을 통과하여 임용된 홍익대사대부속여고의 교사들은 다른 선생님들의 수업을 참관하고 자신의 수업을 공개하며 연구한 수업방식이나 효율적 교수학습 방법을 수업연구를 통해 공유한다. 적어도 5년 내에 한 번은 수업연구를 해야 한다. 겨울방학에도 교과별 워크숍을 진행한다. 1년간 수업을 진행하면서 곤란한 점들과 좋은 점들을 서로 이야기한다. 특히 수업방식의 장단점을 정확하게 파악하고 깊은 논의를 통해 새로운 해결책을 모색하여 새 학년도의 교육 방향을 설정한다.

학생의 눈높이에 맞춘 다양한 자치 활동

홍익대사대부속여고의 생명은 학생 스스로 움직이는 자치 활동과 동아리 활동이다.

특히 학생회는 다른 학교와 달리 활동과 목표를 정하고 다양한 소통방식으로 의견을 수렴하여 스스로 움직인다. 학급회의는 2주에 1회씩 학생회와 학급 회장 및 부회장들이 모여서 기획하고 운영하는 자율 활동으로, 학교생활 및 학교운영에 필요하다고 생각되는 주제를 학급별로 선정하고 일정 기간 동안의 캠페인 활동을 통해 자율적 생활규정이 되도록 하고 있다.

학생 자율로 운영되는 동아리 활동 역시 역동적이다. 2014년 9월 현재 42개의 교육과정 상의 동아리와 71개의 자율 동아리가 활동하고 있다. 이 동아리들은 창의 인성 교육의 큰 축을 이루고 있다. 특히 자율 동아리는 '멀리 가기 위해 함께!'라는 슬로건 아래 방과 후, 토요일 또는 방학 중에 자발적, 자율적 소규모 모둠들이 왕성한 활동을 하고 있다. 공동의 관심사를 가진 학생들이 취미뿐만 아니라 진로 선택과 연계하여 모둠을 결성하고 학교에 등록하여 지도교사의 지도 아래 활발하게 활동한다.

1년 간의 동아리 활동 및 자율 모둠 활동을 활발하게 하고 나면 매년 12월 말에 축제를 연다. 크게 2개의 부분으로 나뉘어 진행이 되는데, 첫째 날은 학술 및 예술의 능력과 재능을 자랑하는 전시회 및 특별활동 발표회를, 둘째 날에는 동서양 음악이 어우러진 음악제의 장을 펼친다. 특별활동 발표회에서는 학생들이 자신의 소질과 적성을 계발하고 예술적 감성을 기르며 공동체 속에서 인간관계를 어떻게 지속해 나가야 하는가에 대해 직간접적으로 배우게 된다. 첫째 날이 청소년들의 축제의 장으로 승화되었다면, 둘째 날의 음악회는 지역 어른들과 학부모들이 참여하고 관람하는 축제가 된다.

열린 인성과 진로진학 상담

① 열린 인성 상담

가정환경, 교우관계, 학업 문제에서 쏟아져 나오는 고민 등 학생들의 이야기를 들어주고 상처를 어루만져주기 위해 모 여자대학교 상담심리 대학원과 협력관계를 맺었다. 지속적으로 상담이 가능하고 검증된 30여 명의 상담사들이 왕성한 활동을 하고 있다.

자치 활동 시간에 학생들 간에 고마움과 미안함을 전달할 수 있는 '사랑의 편지쓰기' 행사와 '또래 상담'을 통해 친구를 격려하고 소속감과 자신감을 느끼게 하여 정체성에 대한 안정을 찾도록 도와주고 있다. 이외에도 월, 화, 목, 금요일 아침에는 '아침을 여는 음악' 방송을, 매주 수요일 아침 시간에 '명상의 시간'을 운영하여 음악이 갖고 있는 치유의 힘과 선생님들이 들려주는 인생의 이정표를 통해 심신의 안정을 찾고 차분한 하루를 시작하도록 하고 있다.

② 진로진학 상담

홍익대사대부속여고에서는 학생들의 진로고민을 해결하기 위해 커리어 존을 설치하여 다양한 진로 체험을 할 수 있는 환경을 조성하였다.

커리어 존에 진로진학 상담교사가 상주하면서 학생들 개개인에 대한 다양한 자료를 DB로 구축한다. 우선 1학년을 대상으로 흥미검사 및 직업 적성검사를 실시하여 결과 자료를 축적하고 내신 성적 및 학력평가 성적을 자료로 구축하여 훗날 진로진학 상담 자료로 활용한다.

③ 학부모와의 소통

"우리 학교처럼 다양한 격차를 갖고 있는 일반 인문계 고등학교에서 모두가 행복한 학교를 만들기는 어려운 일이라고 할 수 있어요. 행복한 학교는 학교만의 힘으로 이루어질 수 없기 때문이지요. 즉, 학교와 가정이 긴밀히 소통하고 유기적으로 연결되어야 합니다. 그래서 학생들의 현재 상황이 논의되고 해결책을 위해 협력해야 학생들이 즐거워하는 학교가 됩니다."

1학년 수학선생님인 김 선생님은 학교와 학부모와의 소통이 얼마나 필요한지를 홍익대사대부속여고 선생님들 모두가 인식하고 있다고 한다. 실제 학교는 열린 전화 및 SMS 문자서비스로 가정과 소통하고 있다. 부지런하고 열정이 있는 선생님들이 적극적으로 학급 학부모들에게 먼저 다가가고 소통하려고 노력한다.

"요즘 같은 시대에 사실 딸을 학교에 보내고 마음 편할 수는 없어요. 하지만 학교에서 적극적으로 우리 학부모들과 소통하려고 하는 모습은 참 보기 좋은 것 같아요. 그리고 학부모들을 위해 교육 프로그램도 만들어 주어 여간 도움이 되는 것이 아닙니다."

2학년 학부모 정 씨는 자영업으로 아이들과 소통할 시간이 부족하지만 학교의 노력과 교육 프로그램으로 일정부분은 아이들과 소통이 이루어진 것 같다며 즐거워하고 있다.

학부모와 소통하기 위해 학교에서 야심차게 준비한 행사는 학부모 아카데미 및 학부모 연수다. 학부모 아카데미에서는 직장 출근으로 학교 행사에 참여할 수 없는 학부모를 대상으로, 평일 저녁 7시에 시작하여 100분씩 총 5회의 교육을 시행한다. 부모로서 자녀를 교육할 때 올바른 방법, 자녀에게 대화하고 소통하는 방법, 진로지도는 어떻게 해야 하는가에 대한 안내 및 사회에 필요한 인재로 키우는 방법 등 다양한 주제로 교내외 교육 전문가를 초빙한다.

학부모들은 자신들이 교육받은 내용을 교육 기부 형식으로 학생들에게 되돌려주고 있다. 학부모 봉사단체인 '홍아랑(홍익의 아름다움을 사랑하는 학부모 모임)'을 구성하여 왕성히 활동하고 있다. 대표적인 활동은 상담활동과 장학금 기부다.

이 밖에도 학부모들과 소통을 목적으로 학교 교육 이해를 돕기 위한 월간 신문 〈벽오동〉 및 교지 〈홍익〉을 발행하여 깨알 같은 학교의 소식을 가정에 보낸다.

홍익대사대부속여고의 오늘과 내일

홍익대사대부속여고는 오랜 연구와 기획 끝에 홍익대학교 내의 교정을 접고 새로운 학교를 신축하여 2012년 8월에 '제2의 개교'라고 할 학교 이전을 완성하였다. 친환경 학교를 건축하는 것이 주요 목표였기 때문에 벽돌 사이의 마감재까지도 학생들의 건강을 위한 친환경 자재를 사용하였다.

각 교실에는 첨단 ICT 기자재를 이용하여 쌍방 커뮤니케이션이 가능한 수업을 진행할 수 있는 시설을 갖추었다. 실시간 전 세계와 접속할 수 있는 인터넷 설비와 전자칠판, 극단초점 빔프로젝터, 교실 내 방송시설을 갖춰 첨단 스마트 교육이 가능하도록 하여 종이교재에만 의존하는 수업의 한계를 극복했다. 학생들이 쉴 수 있는 공간 확보를 위하여 각 층마다 2곳씩 총 6곳의 홈베이스를 준비하였고, 각 홈베이스에는 컴퓨터와 프린터, 복사기를 설치하여 학생들이 언제나 편리하게 사용할 수 있도록 했다.

옥상과 뒷동산에 넓은 정원이 조성되어 있을 뿐만 아니라, 천연잔디를 심은 운동장은 서울에서 보기 힘든 자연친화적 휴식공간이다. 이 운동장은 안전하고 친환경적 수업이 가능하며, 쉬는 시간에는 훌륭한 휴식공간이 된다. 점심시간에 그룹별로 자율적으로 운동을 하거나 운동장 잔디 위에 앉거나 누워 휴식을 취하는 학생들의 모습은 너무나 아름답다. 홍익대사대부속여고는 도심 속 학교이면서도 언제나 푸른 숲을 즐길 수 있는 교육 환경이 조성되어 있다.

신입생 전형

홍익대사대부속여고는 일반 인문계고등학교이다. 따라서 서울시 교육청에서 배정하는 학생들을 신입생으로 받아들여 교육을 한다. 다른 특수목적고등학교나 자율형 사립학교에서 학생 선발권을 갖고 학생을 선발하는 것과는 다르다.

신입생은 '선지원 후배정' 방식에 따라서 서울시 소재 중학교 3학년 졸업예정자와 이에 동등한 학력이 있다고 인정된 학생들이 우선 지원서를 작성하게 된다. 지원서에는 1단계와 2단계로 구분된 지원희망학교 기록란이 있고, 1단계는 '단일 학교군'으로 서울시 전역에 있는 고등학교 중 서로 다른 2곳을 희망 지원할 수 있다. 이 지원자 중에서 지망 학교 순위별로 전산 추첨하여 총 정원의 20%만 선발하게 된다. 2단계는 '일반 학교군'으로 거주지 내 학군(홍익대사대부속여고는 마포구, 은평구와 서대문구가 해당됨)에 속한 서로 다른 2개교를 선택하여 지원하게 되며, 이때도 무작위 전산 추첨을 통해 총 정원의 40%를 선발한다. 3단계는 '통합학교군'으로 1, 2단계에서 배정되지 않은 학생들을 대상으로 통학편의, 학교별 수용여건 등을 고려하여 40%의 학생을 전산 추첨하여 배정한다.

평준화 정책에 따라서 배정된 학생들을 신입생으로 받아서 3년 동안 인성 및 지성 교육을 하여 대학 및 사회라는 큰 무대로 배출한다. 홍익대사대부속여고는 내실 있는 교육과 80%에 육박하는 진학률, 그리고 올바른 인재 육성으로 인해 지역사회에 평판이 좋다. 교육청 자료에 따르면 입학 지원자가 매우 많아 높은 경쟁률을 보이고 있다. 현재 학급당 배정 학생 수도 다른 학교에 비해 훨씬 많다.

홍익대사대부속여고의 내일

홍익대사대부속여고에 재직하고 있는 선생님들에게 "홍익대사대부속여고가 명품학교라 생각하는가? 그러면 왜 명품학교인가?"라는 질문을 하였다.

"정도(正道)를 걷는 교육을 실시하기 때문입니다. 교육 현장에서 발생하는 부정과 비리로부터 자유로운 학교로서 학생들에게 당당하고, 그래서 학생들에게도 정도를 걷도록 자신 있게 가르칠 수 있다고 생각합니다. 이것이 명문이고 명품이지요."

"전통, 예절, 인성 교육을 중요시하는 학교, 절제와 분별력을 갖춘 민주시민을 키우는 학교, 학생과 교사, 교사와 교사 간에 소통과 신뢰가 형성된 학교이기 때문입니다."

"숲속에 있어 학생들이 자연의 아름다움과 소중함을 느낄 수 있는 환경 속에서 국내 최고 수준의 학습 기자재와 시설을 구비했고, 인성 교육에 많은 공을 들인 결과 학교 폭력이 없으며, 교사와 학생의 친밀한 관계 및 믿음의 바탕 위에 교육이 이루어지기 때문입니다."

"자존감과 자율성을 신장하여 창의적이고 미래 지향적인 융합형 인재를 양성한다는 교육철학이 교육과정 전반에 뚜렷이 존재하고, 그 교육철학에 맞춰 학생, 학부모, 교사 간의 신뢰가 있는 학교이기 때문입니다."

학교에 대한 자부심과 교육자로서의 사명감이 절절히 묻어나는 답변이 아닐 수 없다. 하지만 이러한 선생님들의 자부심과는 달리 학교의 문제가 없는 것도 아니다. 홍대사대부여고의 약점은 무엇보다 학생들 간의 큰 학력 격차와, 학업성취도가 낮은 학생들이 다수 있고 이들의 학습

의욕이 낮다는 것이다. 입학생에 대한 선발권이 없는 상태에서 다양한 격차를 갖고 있는 학생들이 배정되는데, 이 학생들 중에서 학습의욕이 부족한 학생들에 대한 대안 교육 방안이 부족한 것이 현실이다. 학교에서는 이 학생들을 위한 다양한 보충학습의 장을 실시하고 있으나 경제적, 환경적으로 곤란한 학생들이 다수 있어 효과를 내기 위해서는 더 많은 노력이 필요하다. 하지만 일반고에 대한 교육 당국의 시각이 변화하고 있고 교육과정에 자율권이 확대되었으며 각종 지원이 약속된 점, 학교 당국의 자체 노력으로 구성한 최고의 교육 환경, 지역 주민 및 학부모들의 학교에 대한 기대감 및 호감의 상승은 이를 극복할 가능성을 보여주고 있다.

홍익대사대부속여고는 단 한 명의 학생도 포기하지 않는 교육, 특정 대상만을 중시하지 않는 정상적인 교육과정 운영, 어떻게든 학생들의 흥미를 유도하기 위한 다양한 수준에 맞춘 교육 프로그램 운영을 통해서 학부모-학생-교사 간 굳은 믿음으로 연결된 학교다. 전통과 예절, 인간의 기본 소양 함양을 중시하고 이를 바탕으로 미래 지향적인 비전을 제시하는 교육을 시행한다. 학생들에게는 자율이 강조되고 자신의 책임과 의사표현이 장려되어 의식 있는 학생들이 양성된다.

장인이 한 땀 한 땀 정성을 다해 가치가 뛰어나고 우수하여 사람들에게 인정과 사랑을 받는 명품을 만들어내듯이, 홍익대사대부속여고는 세상에 널리 이로움이 되는 학생들을 지금도 한 명, 한 명 길러내고 있다. 이를 위해 지금까지 헌신의 노력을 기울여 온 이면영 이사장과 송인숙 교장선생님의 헌신도 홍익대사대부속여고 발전의 소중한 자양분이 아닐 수 없다.

'홍익인간'의 이념 아래 명문사학의 전통을 지키며 '전인 교육'을 시키고 있는 홍익대사대부속여고가 우리 시대를 선도할 여성들을 배출하는 요람으로 더욱 발전할 것으로 기대를 모으고 있다.

홍익대사대부속 여자고등학교의 이모저모

특별 활동 발표회

예절 교육

또래상담

제5장

글로벌 리더를 양성하는 명품학교

대원외국어고등학교

품격 높은 글로벌 인재를 육성하는 외국어 교육 명품학교

지·인·용을 실천하는 아름다운 실력자 배출의 메카
간절함, 진정성, 사명감을 갖춘 대원인을 만드는 인문교양 교육
외국어 실력 향상을 위한 특별한 학습 프로그램
재학생과 졸업생이 만들어가는 특별한 학생 자치 활동
대원외고의 오늘과 내일

서울예술고등학교

한국 예술 교육의 요람

자유, 사랑, 평화를 추구하는 인간주의 교육
예술인 양성을 위한 전문예능 교육
서울예술고가 이어온 빛나는 한국 예술 발전사
서울예술고의 오늘과 내일

청심국제중고등학교

이타적 품성과 창의적 지식을 갖춘 글로벌 리더의 양성

'교육의 국제화'를 통한 전인격적 인재 양성
국제사회를 이해하는 차별화된 외국어전문 교육
학생이 직접 만들어가는 차별화된 연구 교육
열정과 사랑이 넘치는 아이들
청심국제중고의 오늘과 내일

글로벌 리더를 양성하는 명품학교는 특정분야에서 최고의 인재를 양성하기 위한 학교다. 글로벌 시대를 선도해 나갈 예술과 외국어, 과학분야의 영재 육성을 위해 국가 차원에서 운영되는 특수학교인 것이다. 이제 한국 사회는 사회의 변화만큼이나 인재상도 변화하고 있어 세계를 뛰어넘는 예술의 힘, 전공 언어적 전문성, 특화된 전공 교육과정이 필요하다. 이러한 세계화의 시대적 요구를 잘 반영하고 있는 글로벌 명품학교들은 수많은 연구와 경험을 통해 학교만의 특화된 프로그램으로 성장하고 있다.

해방 이후 70여 년이 경과하는 사이에 우리나라는 엄청난 변화와 발전을 거듭하여 왔다. 특히 경제적인 측면에서 볼 때, 전술한 바와 같이 1960년대 초에 60~70$였던 1인당 GDP가 이제 3만$에 가까워질 것으로 기대되고 있다. 원조를 받던 나라로부터 원조를 하는 나라로, 세계 10위권의 반열에 이르게 된 것이다. 최근에 원전 수출 신화를 만드는가 하면 G20 정상회의를 성공적으로 개최한 바 있고, 2018년 평창 동계올림픽을 유치하기도 하였다. 이러한 경제 발전과 함께 K-POP이라든지, 한국 상품, 골프 등을 비롯한 여러 측면에서 한류 열풍이 불고 있다. 이러한 한류 흐름에 부응하여 한국어를 가르치기 위해 120여 개국에 '세종학당'이 설립되고 있기도 하다. 이와 관련하여 우리 한국 국민들이 세계 각국에 진출하고 있다. 반기문 UN 사무총장, WTO 김용 총재 등이 대표적인 예가 될 것이다.

이러한 국·내외적인 상황 변화는 우리에게 질 높은 학교 교육을 통해 앞으로 글로벌 리더들을 키워야 한다는 교육 과제를 안겨주고 있다. 우리의 교육을 통해 외국어뿐 아니라 앞으로 글로벌 시대를 이끌어갈 인재 배출의 필요성을 제기하고 있다.

이 장에서 제시되는 학교들은 일찍이 글로벌 리더를 양성해온 명품학교로 특정 분야의 최고 인재 양성을 목적으로 하는 학교다. 스스로 학습할 수 있는 능력을 길러주는 학교들로 예술과 외국어, 과학영재, 글로벌 리더들이 한자리에 모인 곳이다. 세계를 뛰어넘는 예술의 힘, 전공 언어적 전문성, 특화된 전공 교육과정, 학교마다 독특한 인증제라든가 특화된 프로그램으로 탄탄한 실력 향상을 기하고 학생을 발전시키는 대원외국어고등학교, 서울예술고등학교, 청심국제중고등학교를 살펴보기로 한다.

대원외국어고등학교는 1984년 개교한 대한민국 최초의 사립외국어고등학교이다. 공부 잘하는 것으로 유명한 것이 아니라, 인간미 넘치는 품격 높은 인간 육성이란 대원외고만의 특별한 교육철학을 담고 있다. 1만 6천여 명의 동문네트워크는 지구촌 시대에 중추적인 역할을 하는 세계 속의 한국인으로 거듭나고 있다.

01
대원외국어고등학교

품격 높은 글로벌 인재를
육성하는 외국어 교육 명품학교

대한민국에서 대원외고에 붙이는 수식어는 다양하다. 학생과 학부모가 가장 선호하는 고등학교, 해외 언론 선정 명품고등학교 13위, 대한민국 최초의 외국어고등학교, 1996년 서울대학교 202명 합격이라는 전무후무한 대입 신기원을 이룩한 학교 등등. 자타가 공인하듯이 대원외고는 지금까지 해마다 서울대학교 및 연·고대 합격률 전국 1위를 기록하는 학교이다.

이처럼 눈부신 저력을 과시하는 특목고답게 대원외고가 보여주는 성취도는 숨이 막힐 지경이다. 수능 국영수 1등급 비율 전국 1위 학교, 졸업생의 사법고시, 행정고시, 외무고시, 공인회계사 최다 합격자를 낸 학교, 지금도 전국 최상위 학업성취도를 유지하고 있는 학교 등. 가히 명실공히 대한민국을 대표하는 교육의 랜드마크이다.

대원외고 진학, 그것은 이미 대한민국 최고의 명문 엘리트 코스를 밟기 시작한다는 것을 의미한다.

생명이 움트는 새봄부터 대원외고의 등굣길은 도전의 시작이다. 저 아래 스쿨버스에서 내린 학생들이 사이좋게 어울려 정문을 향해 오른다. 서서히 경사진 골목이 정문에 이르러 경사가 심해지며 용마산 아래 자리 잡은 학교 건물을 향한다. 용마산 위로 힘차게 솟은 아침 해가 학생들을 따뜻한 눈으로 응시하고 있다. 점점 가팔라지는 언덕을 학생들이 아침해를 따라 오른다. 그들의 젊은 어깨에 햇살이 비친다.

품격 높은 글로벌 국제인을 육성하기 위한 학생·교사·학부모가 하나가 된 최적의 교육 환경은 왜 대원외고가 세계 교육계가 주목하는 명품학교가 될 수밖에 없는지를 무언으로 증명해주고 있다. 지금까지 지(知)·인(仁)·용(勇)을 실천하는 아름다운 실력자를 양성하기 위한 대원인의 절실한 바람이 학교 교육 현장에서 그대로 실현돼 의미 있는 성과들로 나타나고 있다.

지(知)·인(仁)·용(勇)을 실천하는 아름다운 실력자 배출의 메카

대원외고의 교육 목표인 '지인용' 정신은 세계를 가슴에 품는 지성인, 사랑과 겸손이 넘치는 인격인, 바르고 참되게 실천하며 항상 새로움에 도전하는 용감한 대원인을 육성하기 위한 것이다. 이러한 지인용 정신을 실천하는 진정한 대원인을 발굴·격려하기 위해 대원외고는 다양한 인성 함양 교육을 지속적으로 실행하고 있다.

대원외고는 공부 잘하는 것으로 가장 유명한 학교이다. 하지만 학교 설립 취지인 '인간미 있는 품격 높은 인간 육성'에 맞게 무엇보다 인성 교육에 가장 중점을 두고 있다. 본관 현관에 쓰여 있는 'Less of me, more of us'는 대원외고의 기본적인 교육 신조이다.

이는 곧 봉사 활동을 통해 인성을 기르고 '나보다 우리를 생각하는' 리더의 자질을 갖춘 학생을 육성하겠다는 대원외고만의 특별한 교육철학을 담고 있는 것이다.

이런 대원외고 교육시스템의 장점을 많은 학교들이 이미 벤치마킹하고 있다. 서울 서초고등학교와 대원외국어고등학교가 양해각서(MOU)를 체결하여 우수 교육 프로그램을 교류하고 학생들의 교육력을 높여 바른 인성을 함양시키기 위한 협력을 하는 것도 그 한 사례이다.

대원외고 교육의 핵심은 바로 '품격'이다. 대원인은 공부만 잘하는 외국어 전문가보다는, '실력'을 기본으로 '품격' 높은 학생을 키워내겠다는 교육철학을 갖고 있다. 대원외고의 교육철학은 '품격(Character)', '능력(Competence)', '헌신(Commitment)' 등 이른바 '3C'로 요약될 수 있다.

대원외고는 '품격' 높은 학교, '헌신'하는 삶을 만들기 위해 인성 교육을 중시하고, 이를 위한 기본적인 품성 실천사항으로 '인사 잘하기'를 전교생이 실천하도록 지도하고 있다. 대원외고 인성 교육의 기본인 인사 잘하기가 무엇보다 중요한 것은 인사가 인성 교육의 기본이라고 생각은 하면서도 그 기본을 지키기가 쉽지 않기 때문이다. 따라서 환하게 웃는 얼굴로 바르게 인사하는 것, 여기서부터 대원외고의 인성 교육은 시작된다.

대원외고 인성 교육 실천방향은 크게 '의무 봉사 활동'과 '우리 나눔 영어캠프'로 요약될 수 있다. 이를 보다 자세히 살펴보면 다음과 같다.

의무 봉사 활동

대원외고는 신입생부터 3년 동안 지속적으로 봉사 활동을 펼칠 수 있도록 '대원서비스러닝 프로그램'을 운영한다. 소그룹을 만들어 고등학교 3년 재학기간에 한 곳에서 봉사 활동을 할 수 있도록 하는 프로그램이다. 대원서비스러닝 프로그램은 1년 동안 지속적으로 준비해 온 특색 프로그램으로 본교 교사 4명과 심사의 공정성을 위해 외부에서 초빙한 인사 4명으로 총 8명이 다양한 봉사 프로그램을 심사한다. 이 행사에는 보통 25~30개 팀(300~3,500명)이 지원한다. 이는 대원외고의 학생들이 이웃과 더불어 살아가려는 정신이 매우 높다는 것을 의미한다.

봉사 활동의 종류와 내용을 보면, 저소득 가정 학생의 학습 멘토와 영어 교육 봉사, 유기동물 보호, 다문화 가정 또는 탈북자 가정의 인권 보호 운동 등 다양하다. 단순한 위문과 일손 돕기를 넘어서 재능과 성실성, 헌신성을 두루 갖춘 다양하고 창의적인 봉사 활동이다.

또한 3학년 학생들은 수능 이후 학교 주변 소년소녀가장, 독거 노인 등 불우 이웃 돕기 행사로 '사랑의 김장 & 연탄 나르기 행사'를 한다. 입시를 향해 숨 가쁘게 달려온 학생들이 전통음식인 김치 담그기를 직접 하면서 우리 것의 소중함과 더불어 사는 사회에 대해 생각해 보는 계기를 갖는다.

교육 양극화 해소를 위한 우리 나눔 영어캠프

대원외고는 광진구청의 후원을 받아 재학생들이 봉사 활동의 일환으로 지역사회 학생들의 멘토가 되어 학년별로 반을 나누어 직접 학급을 운영하여 영어를 가르치고 영어 학습 및 고등학교생활에 대한 멘토링을 제공하는 '우리 나눔 영어캠프'를 지속적으로 운영하고 있다.

이 캠프는 지역사회와의 협력 체제 구축을 통해 양극화 현상을 해소하며, 지역사회와 함께하는 학교 공동체 실현을 목적으로 한다. 대원외고 재학생들이 성동구 지역 중학생을 위하여 교육의 앞선 경험을 소개하고 같이 협력하여 효율적인 외국어 교육을 실시하여 학생들을 미래의 글로벌 리더로 육성하기 위한 실제적인 프로그램을 진행한다.

이는 학습기회의 부족으로 어학능력이 떨어진 소년소녀가장, 결손가정 학생, 소외된 학생, 저소득층 자녀를 대상으로 효율적인 학습을 실시해 지역사회의 소외된 교육 계층을 돕고자 하는 대원외고만의 특별한 지역 봉사 활동의 일환이다.

간절함, 진정성, 사명감을 갖춘 대원인을 만드는 인문교양 교육

대원외고만의 특별한 교육 실현은 이미 예비 신입생 때부터 시작된다. 대원외고에 합격한 예비 신입생들은 입학 전 이미 DAT라고 하는 자체 평가시험을 몇 차례 치른다. 여기서 부족한 학생은 방과 후 학교 프로그램에 참여하거나 주어진 범위를 자기주도학습한다. 그런 이후 2월 말에 학교의 교훈인 '세계로 뻗는 품격 높은 한국인'으로 가는 품격, 헌신 교육을 위해 외부로 2박 3일간 품격 교육을 떠난다. 2학년은 건학이념인 지(知)·인(仁)·용(勇)을 실천하는 사람이 되기 위해 2박 3일 간 꽃동네 봉사 활동을 간다. 3학년 역시 3학년 생활을 시작하며 새로운 결심과 의욕을 충전하기 위해 2박 3일 병영 체험을 다녀온다.

대원외고는 '간절함', '진정성', '사명감'을 갖춘 학생을 선발한다. 뚜렷한 목표를 바탕으로 먼저 대원인이 되고 싶은 '간절함'을 표현할 수 있어야 한다.

다음으로 학습·진로계획, 독서 활동, 봉사체험 활동 등을 작성할 때 '진정성'이 보여야 한다. 그저 항목을 채우기 위해 글을 쓰는 것이 아니라 구체적인 사례를 들어 자신이 어떤 깨달음을 얻고 삶에서 어떤 변화가 일어났는지 진정성 있게 기술할 수 있어야 한다. 그 다음으로 대원외고 지원자만의 이 학교에 오게 된 '사명감'이 있어야 한다. 자신의 꿈이 무엇이고, 그 꿈을 이루기 위해 지금까지 어떤 노력을 해왔으며 꿈에 한 발짝 더 다가가기 위해 대원외고에서 어떤 계획을 펼칠 것인지를 부각시키는 학생만이 대원인의 넓은 품에 안길 수 있는 것이다.

대원외고만이 할 수 있는 특별한 교육 프로그램으로는 해외 청소년 교류와 스포아츠 데이 운영, 수준 높은 인문학 특강, 다양한 동아리 활동, FOLA 축제 등을 들 수 있다.

해외 청소년 교류

대원외고는 외국어 전문교육기관의 특성을 살려 '해외 청소년 교류 프로그램'을 운영하고 있다. 미국, 독일, 중국, 일본의 고등학교로 본교 학생들이 가고 그 학교 학생들이 본교를 방문하여 일정 기간 홈스테이와 교류 교육을 한다.

우선 미국의 경우는, 미국 국무부 청소년 초청사업의 일환으로 본교에는 6명의 학생이 1년간 재학하며 본교 학생들과 함께 수업하고 생활하며 교류한다. 독일은 PASCH(청소년 독일 어학 연수 및 문화 교류 프로그램)에 장학생으로 선발된 학생들이 3주 간 독일을 다녀오고, 일본 게이오대학교 쇼난 후지사와 고등학교와 2009년부터 교환학생 프로그램으로 양교 학생이 1주일 간 상호 방문하여 양국의 문화를 이해하고 우정을 쌓는다. 중국은 북경 인민대학교부속고등학교에 1주일 간 중국어과 학생들이 참여해 수업과 홈스테이를 통해 문화를 교류한다.

스포아츠 데이(Spoarts Day)

대원외고에서는 단순히 어학 교육에만 치중하지 않고, 재학생들을 지덕체를 두루 겸비한 예체능교양인으로 육성하기 위해 스포아츠 데이를 정해 활발하게 운영하고 있다. 스포아츠 데이의 목표는 스포츠 및 예술 활동을 통한 체력 증진 및 활기찬 학교 분위기 형성, 사제동행 활동을 통한 밝고 건강한 학교 풍토 조성, 신체 건강 증진 및 평생 체력의 기초 마련, 바람직한 인성(知·德·體) 향상 및 창의성 개발의 토대 마련 등을 목표로 하는 것이다.

대원외고 학생들은 스포아츠 데이를 즐기면서 긍정적 경험 확대로 자존감 및 자신감을 증진하며, 신체 및 정신 건강 증진, 인성 및 사회성 발달의 효과를 보고 있다. 또한 자율적 참여 및 운영을 통해 자기주도의식을 고취하고, 스포츠맨십, 집단 활동 경험 등으로 민주시민의식을 고취하며, 존중과 배려의 리더십 함양에도 좋은 효과를 보고 있다.

인문학 특강

대원인들은 고등학교 3년 동안 지속적으로 시행되는 인문학 특강을 통해 인문학 전반에 관한 수준 높은 이해를 갖추게 한다. 또한 교과 과정과 별도로 자유롭고 유연한 사고력을 기를 수 있으며, 대학 진학 후 받게 되는 대학 저학년의 인문학 중심 교육의 예비적인 성격으로 동기유발을 할 수 있는 등 다양한 효과를 얻는 대원외고만의 독특한 인문교양강좌이다. 이 특강은 1, 2, 3학년에 걸쳐 장기적으로 진행한다. 주로 각 분야의 저명한 현직 교수님들을 초빙하여 대학 교양과정 수준의 인문학 강좌를 실시하고 있다.

대원외고 인문학 특강은 단순히 저명 교수를 초빙해 강의를 듣는 일회성 행사에서 벗어나 참가 학생들에 대한 효과적인 평가와 관련 분야의 이해도 측정까지 시도하고 있다. 이를 위해 대학 출강 교수님들을 강사로 모셔 강의 후 과제 평가를 한다. 강의·평가 강사진은 넓은 의미의 인문학 전반에 관해 전공하는 교수들이다.

인문학 특강에는 교내의 우수 학생들이 참여하고 호응이 높다. 참여 학생들은 매 시간 수강 후 '강의 요약서'를 작성하여 제출하고, 강의 수료 시점에 '주제 탐구 보고서' 과제를 부여받아 리포트를 제출한다. 제출한 리포트는 각 강좌 교수님으로부터 평가를 받으며, 평소 참여도와 강의 요약서, 리포트를 종합하여 종합평가 등급을 결정한다.

최적화된 프로그램으로 운영되는 인문학 특강은 학생들의 자발적 참여가 높고, 강의의 수준이 상당해 교양과 학습이라는 두 마리 토끼를 충분히 잡을 수 있는 의미 깊은 프로그램이다.

외국어 실력 향상을 위한 특별한 학습 프로그램

2학년 독일어 수업 시간. 학생들은 '오늘 날씨 참 좋다' 같은 기본 문장 구조를 익히며 독일어 기초 회화 수업에 열심이다. 그런데 조금 있다 뒷자리에 앉아 있던 남학생 3명이 자리에서 일어나 교실 뒤편에 서서 공부할 수 있는 '키다리 책상'으로 향했다. 잠시 후에는 여학생 2명이 벌떡 일어나 '키다리 책상'으로 향했다.

2학년 최 군은 "봄날 나른한 오후에 졸음이 막 쏟아질 때면 뒤에 서서 수업을 들으면 졸음도 안 오고 집중도 잘 돼 좋다."고 말했다. 최 군은 "대원외고가 좋은 건 공부할 분위기가 잘 조성돼 있어서 오로지 공부에만 집중할 수 있다."고 말했다. 가령 야간자율학습 시간에도 너무 졸음이 몰려오거나 교실이 덥게 느껴지면 바로 학교 벤치나 복도, 운동장에 나가서 공부를 해도 누가 뭐라는 사람이 없다.

본관을 지나 2층 서미트 홀에 들어서자 여기저기서 유창한 불어 소리가 들려온다. 1층 세미나실에선 서너 명의 학생이 두터운 독일어 원서를 뒤적이며 한창 열띤 토론에 열중하고 있다. 맞은편 컴퓨터 라운지에서

만난 한 학생은 영어 에세이를 쓰고 있다.

대원외고 학생들의 가장 큰 장점은 뛰어난 외국어능력에 있다. 대원외고에서는 외국어 교육을 사교육에 의존할 필요가 전혀 없다. 본교 전공어 경시대회는 한국인교사와 원어민교사가 전공어 자격고사와 동일한 유형(객·주관식 혼합)이나 더 높은 난이도로 출제하여 개최되는데 가히 전국대회 수준이라 할 수 있다. 대원외고는 사교육 없이 영어와 전공어를 원어민처럼 말할 수 있는 자율적인 학습의 장을 마련하고 있다.

대원외고가 자랑하는 외국어 전문 프로그램과 일반 교육 프로그램을 소개하면 다음과 같다.

글로벌 리더십 프로그램(GLP)

글로벌 리더십 프로그램은 이미 세계 언론이 매력을 느끼는 대원외고의 대표적 교육 프로그램이다. 〈월스트리트 저널〉은 '미국 상위권 대학 여덟 곳의 진학 실적이 세계 13위인 학교(2007. 11. 30)'라고 대원외고를 소개했고, 〈뉴스위크〉는 'SAT의 구술 및 에세이 점수를 높이기 위해서 50권의 영어 원서를 읽는 학교(2008. 08. 18-25)'라고 했으며 〈뉴욕타임즈〉는 '한국의 강의식 수업과 미국교사의 토론식 수업으로, 뉴햄프셔의 명문고 필립스 엑시터 아카데미(세계 10위)보다 SAT 평균 성적이 월등히 높은 학교(2008. 04. 27)'로 대원외고를 극찬하고 있다. 해외언론의 극찬의 중심에는 바로 글로벌 리더십 프로그램인 GLP가 있다.

대원외고 학생들은 정규 수업을 마친 뒤 4시부터 오후 9시 20분까지 이루어지는 유학프로그램인 글로벌 리더십 프로그램을 방과 후 수업으로 듣는다. 영작문과 문학을 주과목으로 하고 선택과목 또한 개설해 놓고 있다. 국내 교과과정과 미국 수업을 병행해야 하는 학생들의 부담은 만만치 않지만 수업과 10시까지 이뤄지는 자율학습을 포함해 하루 15시간에 이르는 학업량은 학생들의 실력을 양성하는 기본 바탕이다.

원서 강독

대원외고의 원서 강독 프로그램은 영어로 된 문학의 묘미를 깨우치기 위한 이 학교만의 독특한 교육 프로그램이다. 원서 강독은 기계적 분석과 문법 연습을 통한 영어능력 신장이 아니라 좋은 원서를 많이 읽음으로써(extensive reading) 영어를 습득하고, 글의 내용과 사상을 이해하는 것으로부터 흥미를 얻는 경험을 하는 데 의의를 두고 있다. 아울러 영미문학에서 자주 사용되는 소재와 기법 등을 학생들에게 소개함으로써 해석 위주의 피상적 독서가 아니라 작가의 의도, 글의 상징, 시대적 배경 등을 생각해보는 심층적 독서 습관을 배양하도록 하는 데 목표를 둔다. 원서 강독의 모든 선정 도서는 축약본이 아닌 원서이다. 그리고 자신의 분야에 맞는 도서를 선택할 수 있도록 문학뿐 아니라, 경제, 경영, 철학 도서를 포함시켰다.

대원외고 학생들은 선정 도서를 읽고 챕터별 내용요약과 개인의 감상을 정기적으로 영어독서기록장에 기록하고 담당교사의 피드백을 받는다. 학기말에 실시하는 영어에세이대회에 자신이 읽은 작품에 대하여 자유 주제를 선정하여 A4 두세 장 분량의 영어에세이를 제출한다.

또한 그룹과제를 정해 관심 도서를 읽고 그룹발표를 하는 독특한 프로그램도 진행하고 있다. 선정 도서 중 자신의 관심 분야 도서를 선택하여 그 책에서 제기하는 문제나 다루어지는 주제를 심도 있게 논의하고 현재 우리의 삶과 연결하여 재조명해 보는 그룹발표를 한다.(팀당 15분 발표. PPT 또는 Hand-out, 프로젝트에 대한 보고서 제출. A4 3장)

대원외국어학당 (Daewon Foreign Language Institute) 운영

대원외국어학당 운영 목표는, 세계로 뻗는 품격 높은 한국인이 되라는 본교의 교훈을 실현하기 위해 학생 각 개인이 영어와 전공어를 원어민 수준으로 자유롭게 구사할 수 있는 능력을 배양할 수 있는 교육 환경을 조성하는 데 있다. 또한 사교육의 도움 없이 친구와 선배의 도움으로 학생들의 외국어능력을 신장시키고, 지식의 나눔을 통해 전교생이 화합할 수 있는 아름다운 교육의 장을 구현하고자 한다.

학당 운영은 다음과 같은 과정으로 진행한다.

① 토플, 텝스, 전공어 어학 성적 우수자 및 각종 대내외 외국어 경시대회 수상자들을 강사로 위촉하여 학생들 스스로 교재를 구성하고 수업을 할 수 있도록 한다. ② 강사 자격은 공인 어학성적이 토플 117점 이상, 텝스 920점 이상, 전공어는 B2(중급) HSK 6급 이상이 되는 학생들과 대내외 외국어 경시대회에서 대상을 받은 학생들로 구성한다. ③ 조교 자격은 공인 어학성적이 토플 115점 이상, 텝스 890점 이상, 전공어는 B1(초급) HSK 5급 이상이 되는 학생들과 대내외 외국어 경시대회에서 전국 동상 이상을 받은 학생들로 구성한다. ④ 강사와 조교로 선발된 학생들은 팀장의 지휘 아래 교재를 구성하고 수업계획서를 작성하여 제

출한다.

학당 수업은 중식, 석식 시간 20분씩 활용하며 읽기, 듣기, 쓰기, 말하기 등 네 가지 영역으로 나누어 수준별 최적화된 수업을 진행한다. 대원외국어학당 수업에 20회 이상 참여한 학생에게만 수료증을 수여한다.

우수 논문 발표 대회

대원외고에서는 학생들의 지적 호기심과 논리적인 사고력을 육성하고, 자기주도적인 학습능력을 신장시키기 위하여 연구 보고서를 작성하여 심사하는 대회를 갖고 있다.

연구 보고서 심사는 연구 보고서 책자의 등재 여부를 판정한다. 교사와 외부 전문가로 구성된 연구 보고서 심사 위원회는 연구 보고서의 내용을 검토해서 의견서를 제출하고, 연구 보고서 제출자는 이를 바탕으로 연구 보고서를 수정 및 보완하여 최종 연구 보고서를 제출해야 한다.

이 발표 대회에는 매년 35~40개 팀이 참가하며, 외부의 엄격한 심사를 거쳐 그 중 약5개 팀 정도가 우수 연구 보고서로 채택한다. 본교의 졸업생들과 학부모님들이 참여하는 PGL프로그램은 재학생들에게 진로에 대한 인식의 폭을 넓혀주고 있다.

재학생과 졸업생이 만들어가는 특별한 학생 자치 활동

2학기가 시작되면 대원외고는 본격적인 축제 시즌에 돌입한다. 축제의 즐거운 기억을 잊을 수 없는지, 2학년 강 양은 말하는 내내 미소가 떠나지 않는다.

"축제 때가 되면 오랜만에 편한 마음으로 학교에 갈 수 있어 좋았어요. 과별로 가장행렬을 하는 것이 전통이에요. 우리 영어과는 무엇을 할까 고민하다가 디즈니 캐릭터들을 흉내낸 코스프레 행사를 하기로 했어요. 토이스토리, 이상한 나라의 앨리스, 피터팬, 미키마우스 등을 준비하느라 반 친구들과 함께 며칠 밤을 새웠는지 몰라요. 그래도 축제가 있어서 밤새 공부하던 고단한 날들을 보상받은 것 같은 기분이 들곤 했어요."

대원외고의 모든 행사들은 학생들이 직접 준비하고 즐기며 자기들만의 아름다운 추억을 쌓아간다.

100여 개가 넘는 동아리에서는 동아리만의 특별한 재미를 만들고, 축제 때에는 외국어학교의 장점을 십분 살리고 10대만의 끼와 전문성이 듬뿍 들어간 이국적인 행사들로 참가자를 즐겁게 한다. 뿐만 아니라 졸업생들도 학교 행사에 적극 참여해 재학생과 졸업생이 함께 명품 대원외고를 만들어가고 있다.

동아리 활동

대원외고가 여느 고등학교와 다른 점은 눈이 아닌 귀로 찾을 수 있다. 등굣길에 가야금 선율이 학생들을 맞이한다. 이 학교는 매일 아침 등굣길에 공연을 하겠다는 동아리 신청을 받는데, 이날은 국악 동아리 '도드리'에서 가야금 파트를 맡은 여학생 5명이 '당신은 사랑받기 위해 태어난 사람'이라는 노랫가락을 튕기고 있었다. 동아리의 '틈새 공연'은 말

그대로 틈이 생길 때마다 열렸다. 오전 11시 30분 점심시간이 되자 힙합 동아리 TS가 점심 공연에 나섰다. 스피커를 울리는 경쾌한 랩을 하는 학생이나 구경하는 40여 명의 학생이나 이마에 땀방울이 송골송골 맺혔다. TS 멤버인 고 군은 "공부하면서 자투리 시간에 동아리 활동을 하기가 쉽지 않지만 공연을 하다 보면 보람도 느끼고 입시 스트레스도 날아가는 기분"이라고 말했다.

대원외고 신입생들이 신학기 초에 가장 먼저 접하는 것은 대원외고 동아리들의 부원 모집이다. 각 동아리들은 새로 신입 부원 모집을 위해 경쟁적으로 모집 홍보를 하고 지원자 면접을 하며 신입 회원을 받아들인다. 각 동아리들은 선배들과 긴밀한 유대 관계를 유지하고 있다.

대원외고에는 60여 개의 공식 동아리와 100여 개의 학술 동아리들이 있다. 그래서 학생들은 모두 한두 개의 동아리 활동을 하는 것이 의무이다. 공식 동아리들은 다수 부원들로 구성되어 있으며 수십 년부터 수 년간의 전통을 갖고 선후배들이 함께 동아리 활동을 하고 있다. 매번 발표 준비 때마다 졸업한 선배들이 모교를 방문해서 후배들을 지도하고 있으며 발표가 끝나면 졸업생 선배들과 재학생 후배들이 함께 뒤풀이를 하며 서로 돈독한 우정을 나눈다.

학술 동아리는 대체로 10명 이내의 학생들로 구성된 소규모 동아리이다. 100여 개의 동아리들이 구성되어 활동하며 논문 등의 결과물을 내고 있다. 꿈사(시사토론), 도란도란(인문학 독서토론), 문학동물원(문학번역), 온새미로(시사토론), B.O.B(법률연구활동), Belles-Lettres(한국 현대문학 감상 및 토론), ELS(토론, 문집 제작 등), FiCo(독립영화감상, 토론, 분석), Ink

English Literature(영문학 탐구 동아리), KCW(한국음식 설명 메뉴판 작성 및 관광 진흥), LORD(고교생 외교포럼) 등 다양하며, 재학생들의 관심분야를 반영한 동아리이므로 매우 적극적인 활동을 한다.

FOLA 축제

대원외고의 여름은 축제의 계절이다. 바야흐로 대원외고의 축제인 FOLA가 시작되는 계절이다.

무한 도전을 위한 향연(FOLA · Festival of Limitless Adventure)은 1984년 개교 이래 대원외고인과 함께한 축제이다. FOLA축제는 처음에는 체육대회와 함께 각 학과(독, 불, 서, 일) 민속 무용으로 펼쳐졌었다. 몇 년 후 영어과와 중국어과의 민속무용이 더해져서 매년 그 기량이 발전했고, 90년대 중반까지는 체육대회와 함께하던 것이 분리되었다.

그 후 합창단과 기악반의 공연과 미술전시가 함께 이루어지고, 전일제 특별활동 활성화와 함께 CA부서가 동아리로 변하면서 각 동아리의 공연과 발표가 어우러져 명실공히 대원외고를 대표하는 축제로 자리 잡았다. 2009년 이후부터는 독, 불, 서, 일, 중, 영어 등 6개 외국어과의 민속무용과 각 동아리의 공연과 전시 등 약 30여 개에 달하는 동아리들이 각자의 기량을 유감없이 뽐내고 있다.

PGL(Parent Guest Lectures)

PGL은 대원외고 동문과 재학생간의 끈끈한 유대와 주체적인 관계를 확실히 보여주는 프로그램이다. PGL의 운영목적은 직업 및 진학 멘토링을 통해 학교 선후배 간 친목과 유대감을 강화하는 데 있다. 다양한 분야의 전문 직업인을 초청하여 직업 선택에 유연한 사고를 갖게 하고, 학부모와 졸업생을 통해 진학·직업 정보를 제공하여 진로 설정에 도움을 주며, 진로 계획을 수립하여 스스로 진로를 개척할 수 있는 자기주도학습 역량을 강화하고자 하는 데 있다.

대원외고에서는 PGL을 통해 재학생들에게 직업에 대한 기본 지식과 다양한 현장 정보를 얻도록 하고, 진로에 대한 새로운 인식을 갖고 진로 선택의 유연성을 제고할 수 있도록 하고 있다. 또한 프로그램에 참여하는 선배 직장인들의 경험담과 성공 사례를 통해 진로에 대한 재학생의 성취 욕구를 자극하여 확고한 진로 목표를 심어주고 있다. 이처럼 현장 중심의 실제적인 진로 교육을 접한 재학생들은 진로 선택의 중요성을 인식하여 스스로 진로를 계획하고 준비한다.

대원외고의 오늘과 내일

서울특별시 광진구에 위치한 대원외국어고등학교는 대한민국 최초의 외국어고등학교이다. 1984년 설립돼 30여 년의 역사를 간직한 대원외고는 'SKY 합격자 수 1위', '판·검사 배출 1위', '전 세계 고교순위 13위' 등의 수식어가 따라다니는 소문난 명문학교로 손꼽힌다.

대원외고의 실력을 세계가 주목하는 것은 대원외고의 선구적인 교육 프로그램에서 기인한다. 대원외고는 1998년 해외유학반(GLP)을 국내 최초로 개설한 이래 2007년 미국 명문 8개 대학에 총 11명의 합격자를 배출했으며, 〈월스트리트 저널〉은 해외학교로는 유례를 찾아볼 수 없을 정도로 합격 비율이 높은 고교로 본교를 13위로 발표했다.

대원외고의 겨울은, 대원외고가 개교 30년의 역사 동안 파워엘리트 산실로서 입지가 날로 확고해지고 있는 이유를 알 수 있는 계절이다. 한 해를 정리하는 그 해 입시의 결과가 겨울에 발표된다. 이것은 대원외고의 위상을 알리는 시작이기도 하다. 대원외고는 최근 10년 간 서울대학교 합격자만 710명, 개교 이후 총 9,268명(서울대학교 2,584명, 연세대학교 3,118명, 고려대학교 3,566명)의 합격자를 배출하였다.

아울러 대원외고의 16,000여 명 동문 네트워크에는 언론계 550명, 재계·금융·국제기업 1,510명, 법조계·국제변호사 462명, 문화예술계·학계 1,870명, 국가기관·국제기구 1,470명이 활동하고 있다.

김일형 교장은 대원외고의 사회적 역할에 대해 한 인터뷰에서 "좋은 대학에 학생들을 보내고 또 판사, 검사를 많이 배출했다는 이유로 훌륭한 학교라 일컬을 수는 없다."며 한국 사회가 요구하는 대원외고만의 특별한 사명이 있음을 역설한다. 또한 "졸업생들이 다양한 분야에서 사회적 기여를 많이 할 때 그 학교를 명문학교라 부를 수 있습니다. 물론 우리 학교 학생들이 명문대에 진학하는 것도 중요하지만 먼저 바른 인성을 갖춘 사람이 되도록 도와주는 것, 이것이 내가 지향하는 교육 목표입니다."라고 말했다.

그러면서 김 교장은 '마중지봉(麻中之蓬)'이란 고사성어를 좋아한다고 말했다. 이는 곧 '멋대로 자라는 쑥이 곧게 자라는 삼밭에 있게 되면 삼처럼 곧게 자란다'는 말인데 대원외고가 삼밭과 같은 역할을 했으면 좋겠다는 의미라고 한다. 즉, 품격 높은 학교 분위기를 만들어 능력은 물론이고 헌신까지 갖춘, 사회 각계각층에서 빛과 소금 같은 사람을 배출할 수 있는 학교가 되는 것이 김 교장의 바람이다.

대원외고에는 하드웨어에 해당하는 좋은 시설과 경제적 자본, 소프트웨어에 해당하는 효과적인 교육시스템, 그리고 제도들을 실질적으로 운영하는 과정에서 발생하는 대인간의 접촉과 교류, 조직의 풍토가 전부 갖춰져 있다.

대원외고를 이처럼 높은 교육적 수준의 가치 있는 학교로 만들기 위해 학교와 학부모, 선생님이 삼위일체가 돼 최선의 노력을 경주하고 있다. 여기에 더해 동아리 활동과 각종 인성 교육 등을 통해 학업에 해당하는 지(知)뿐만 아니라 덕과 체까지 강조하는 전인 교육, 주체적이고 자율적으로 움직일 수 있도록 숨을 불어넣어주는 분위기를 조성해가고 있다.

대원외고는 이제 서른 살이 된 풋풋한 청년이다. 언제, 어느 곳 또는 어디에서나 졸업생들이 중추적인 역할을 다할 때이다. 'Less of me, more of us'라는 대원외고의 슬로건처럼 이제 사회 각층에서 헌신과 봉사를 실천할 때이다. 학교는 졸업생 및 재학생들에게 끊임없이 이 점을 각인시켜야 한다. 이 사회의 모난 모습들이 그들로 인해서 화합하는 둥근 모습이 될 수 있도록 바로미터로서의 소임을 더해야 한다.

그리고 향후 진정한 외고의 모습으로 거듭나기 위해서는 외국인 학생 유치에도 적극적인 노력을 기울여야 한다. 문화 한류와 함께 우리나라를 배우고 싶은 외국 학생들을 적극 유치해서 우리 문화와 우리 언어를 배우게 하여 지한파 또는 우한파 그룹 형성에도 그 역할을 다해야 한다.

이 두 가지는 향후 세계적인 고등학교로 거듭나기 위한 대원외고만의 계획이며 과제이다.

대원외국어고등학교의 이모저모

야외 수업

담소하는 학생들

토론수업

1만 6,000여 명의 졸업생을 배출하였으며 기독교 정신을 바탕으로 예술적 재능이 풍부한 인재를 보다 전문적이고 참다운 예술인으로 양성하기 위한 목적으로 1953년에 설립하였다. 국내외에서 문화계를 빛낸 교육 산실이 됐고 음악, 미술, 무용 3개 학과가 있으며 지휘자 금난새 교장, 첼리스트 정명화, 피아니스트 김대진, 서양화가 이두식, 동양화가 오용길 등 최고의 예술인들을 배출하였다.

02
서울예술고등학교

한국 예술 교육의 요람

대한민국 문화예술의 씨앗이라고 할 수 있는 서울예술고등학교의 탄생은, 6.25 전쟁의 막바지에 부산 영선동의 군용텐트에서 처절한 가난과 전후의 고통 속에 피어난 한 송이의 우담바라 같은 기적이었다. 1953년 학교법인 유하학원을 설립하였으며, 1958년에는 이화학원으로 법인 명칭을 변경하였고, 1956년에 첫 졸업생을 배출했다. 창립 당시에는 음악과와 미술과 2개 학과만 개설되었는데 지도교사가 서양화가 김홍수와 동양화가 장운상, 조각에 백문기 선생이었음을 봐도 문화 역사의 전통과 진정성이 느껴진다.

서울예술고등학교는 대한민국 문화예술의 씨앗이다. 개교 60년이 지난 서울예술고의 변화와 발전은 한국을 넘어 세계 속의 문화예술인의 거목을 길러냈으며, 그들은 또다시 세계 속의 예술인 양성에 앞장서고 있다.

한국 예술 교육의 요람으로서 새로운 학교의 탄생은 예술 교육의 이상과 포부를 실현하는 데에 여성 교육의 사학인 이화여자고등학교와 이화학교를 유지 경영하는 유하학원(有厦學園)이 모체로서 그 역할을 감당했기 때문에 가능했다. 2014년 3월 기준으로 학생은 무용과, 미술과, 음악과를 중심으로 1학년 368명, 2학년 367명, 3학년 373명이다. 교직원은 교장 1인을 비롯한 교원 52명과 직원 20명이다.

자유, 사랑, 평화를 추구하는 인간주의 교육

서울예술고는 기독교선교 재단의 정신을 이어받은 학교법인으로 이화여자고등학교를 경영하는 이화학원의 설립이념과 교육 정신을 그대로 전수하였다. 1965년부터 교목제도를 두고 학생들에게 성경지도와 예배, 교내외의 봉사 활동을 지도해왔다. 교육이념으로서의 기독교 정신은 인류가 보편적으로 추구하는 사랑의 실천이며, 인간주의의 구현인 것이다. 설립 당시에 정한 '자유, 사랑, 평화'가 지금까지 이 학교의 교훈이다. 인류가 추구하는 최고의 이상을 교육의 원대한 목표로 삼은 것이다.

전교생이 참여하는 예배, 학급예배, 신입생환영예배 등 다양한 예배 활동을 통해 학생들에게 참된 신앙생활과 이웃을 내 몸과 같이 사랑하는 그리스도의 가르침을 철저히 지켜 행하도록 했으며, 이를 위한 성경교육과 선교 활동이 오늘날 서울예술고등학교 교육의 밑받침이 되었다.

신임교장으로 취임한 금난새 지휘자는 기독교 정신에 입각하여 예술의 전문적인 교육을 조기부터 체계 있게 실천함으로써, 애국 애족하고 인류에 공헌하는 참된 예술인을 육성한다는 교육 방침을 세웠다. 그는 학교의 경영관을 다음과 같이 밝히고 있다.

"'자유, 사랑, 평화' 라는 기독교 정신을 예술로 승화시키며 우리 민족이 지닌 우수한 예술적 재능을 신장, 계발시켜 문화국민으로서의 힘을 기르는 것을 창립정신으로 하고 있다. 이러한 정신을 바탕으로 예술영재들을 조기에 발굴하여 교육시킨 우리나라 최초의 학교로서 56년의 긴 역사를 가지고 있다. 이제 우리는 국내 정상에 만족하지 않고 세계무대에서 우리의 예술적인 기량을 떨치기 위하여 나아가야 한다. 기독교 정신에 입각한 참된 예술인을 기르고자 함이 우리 학교의 교육 목표이다. 이를 바탕으로 인성을 갖춘 예술인으로 영혼을 울리는 소리와 가슴 속의 열정이 빛으로 나타나고, 다시 소리와 빛의 아름다운 몸짓으로 표현되는 것이 예술이다."라고 강조했다.

한국 속의 서울예술고가 아닌, 세계 속의 서울예술고를 위해 더 큰 발전을 추구하는 청사진이 완성되기 위해 노력하고 있다는 이야기다. 전국단위의 학생 모집이기 때문에, 지방에서 올라오는 학생들을 위한 기숙사 건립과 재단에서 추진 중인 공연장 건설이 숙원사업이다.

"저는 어릴 때부터 음악을 좋아했고 다른 아이들에 비해 재능도 있었어요. 하지만 제가 미래의 직업으로 음악을 전공해야 하는지, 확신이 서질 않았어요. 그동안 갈고닦은 피아노 실력과 재능이 아깝기도 했어요. 예고 입시를 준비하고 있었지만 힘들었어요. 그런데 입학하고 나서 제 전공이 무엇인지 정확하게 알게 되었어요."

피아노와 성악보다는 작곡에 더 재능이 있어서 작곡을 전공하고 있는 이 양은 다른 학교에 비해 진로가 빨리 정해져 더 전문적인 수업을 받을 수 있다고 한다.

학과전공 중심의 교육과정

서울예술고는 예술인 양성을 위해 설립된 특수목적 고등학교이다. 따라서 일반고와 달리 예술인이 되고자 하는 남다른 적성과 흥미와 능력이 넘치는 아이들로 확고부동하다.

예술적 자질은 1~2년 사이에 급조할 수 있는 것이 아니기 때문에 한번 자신의 진로를 결정하기까지 수없이 많은 시행착오와 담금질이 필요하다. 그러나 최종적으로 진학을 결정하는 순간 모든 고민은 끝이다. 그때부터 자기의 전공을 향해 달리고 또 달릴 일만 남은 것이다. 미래를 향해 달리기로 작정하고 오는 사람들이기에 뒤돌아 볼 일도 없고 내일의 진로를 고민할 일도 없다는 것이 일반 고등학교나 특목고 학생들과의 가장 큰 차이점이라고 한다.

서울예술고등학교에서는 이처럼 목적의식이 뚜렷한 학생들을 위해 교육부가 정한 기본교과목과 별도로 전공교과과정을 운영하고 있다.

고도의 전문성이 요구되는 무한 경쟁사회에서 우뚝 설 수 있는 직접적인 훈련과 경험의 장을 학교가 마련해주기 때문에, 이들은 일찌감치 신인처럼 현장 활동에 참여하는 성공적인 교육의 효과를 얻고 있다.

특히 학과전공 중심 교육과정의 특징은 다음과 같다.

① 무용과는 무용이 지니는 예술적, 미적, 문화적, 교육적 가치와 의미를 이해하고 한국무용이나 발레 등 다양한 영역의 예술적이고 미적인 특성을 살릴 수 있도록 교육과정을 편성하여 운영하고 있다.

② 미술과는 기본적으로 소묘의 기본 원리와 개념을 정확히 이해하고 실제 소묘에서 그 원리들을 올바르게 응용하며, 사실성에 충실하면서도 창의력이 발휘되도록 이론과 실기 교육을 중점적으로 강조하고 있다.

③ 음악과 시창의 평가는 예고 없이 수시로 이루어지지만 사전에 평가 기준을 책정하여 학생들이 충분히 숙지하여 준비하도록 하며, 개별 지도와 레슨을 통해 학생들의 문제점을 파악하고 해결방안을 강구하고 있다. 뿐만 아니라, 철저하게 사전에 계획된 교육 계획에 의하여 학생들에게 이론과 실기를 가르칠 뿐만 아니라 실제 연주 과정에서 일어날 수 있는 다양한 상황을 설정하여 연습하면서 무대에 적응할 수 있도록 자신감을 키워주고 있다.

서울예술고가 이어온 빛나는 한국 예술 발전사

서울예술고등학교의 예술 활동은 오늘날까지도 그 역사와 전통이 고스란히 전해지고 있다. 가장 대표적인 것이 '예고 연주회, 예고 미전, 예고 무용발표회'이다. 이들 3대 예술제전은 학생들의 창작의욕의 원천이 되었고, 예고의 특수목적에 도달하여 예고의 존재 의의를 확고부동하게 하는 직접적인 방법이 되었다.

1963년에 제1회 '예고 연주회'를 서울 명동의 국립극장에서 올렸다. 최고의 권위 있는 공연장에서 학생들의 연주회를 개최한 것이다. 연주회 때마다 교장이 오케스트라를 지휘하고, 교사가 합창을 지휘하는 등 교사와 학생 모두가 하나가 되어 음악적 역량을 최대한 발휘하여 기성 음악계의 상상을 초월하는 하나의 새로운 맥(脈)을 이루어냈다는 평을 받아왔다.

1964년에는 '예고 미전'이 교내 전시장에서 개최되었다. 학생들의 예술 작품은 수준과 대담성, 창의성이 높아 많은 칭찬을 받았다고 한다. 이는 교사의 우수한 지도 덕분으로 지금까지 좋은 평가가 이어져 오고 있다.

또한 1964년에 처음으로 '예고 무용발표회'를 시민회관에서 열었다. 학생과 지도교사, 학부모까지 함께 참여하는 경이로운 무대였다. 당시 무용계의 10대 사건 중에 하나로 평가될 정도였으며 고등학교 무용발표회와는 달리 서울예술고의 무용발표회는 기성무용단을 능가하는 공연이었다는 언론의 평가가 있었다.

1971년부터 시작된 '예고 관악연주회'는 관악전공학생들의 연주역량과 의욕을 과시하는 최고의 기회이자 무대였다. 기악전공 학생들이 시작한 '예고 실내음악의 밤'은 지금은 콩쿨로 발전하게 되었다. 이처럼 전공에 대한 자신감과 긍지를 심어주려는 학교의 노력은 끊임없이 이어져 왔다.

서울예술고의 오늘과 내일

"서울예술고는 군용천막 학교로 개교했어요. 그 당시는 어려운 시절이라 학교들이 교육의 필요성을 절실히 느끼고 있었지만 좋은 교사를 구하기가 쉽지 않았어요. 하지만 서울예술고는 시작할 당시부터 한국 최고의 교사진을 확보했습니다. 이것이 서울예술고의 가장 큰 특징이라고 할 수 있습니다."

교감선생님은 지금도 서울예술고가 대한민국 최고의 교사진 확보에 심혈을 기울이고 있으며 그 전통은 앞으로도 계속 이어질 것이라고 강조한다.

예술고등학교는 특성상 모든 전공이 실기 위주의 교육을 실시하기 때문에 1대1의 레슨을 위한 최고의 강사 확보가 관건이다.

서울예술고등학교는 음악전공자 레슨을 위하여 500여 명에 달하는 전공별 최고의 강사진을 확보하고 있으며, 미술도 개인이나 그룹 지도를 위해 70여 명의 강사, 무용전공은 34명의 강사를 확보하여 정규교과 이외에도 방과 후 학생 개인별 실력과 능력에 적합한 맞춤형 레슨을 진행하고 있다.

그 결과, 재학생들의 신인등용문으로 절대적인 권위를 인정받고 있다. 이는 철저한 기초를 바탕으로 하는 이론과 실기 위주의 교육 방법 때문이며, 한국 최고의 인재를 배출하는 이유라고 전문가들이 입을 모은다.

매년 실시하는 재학생 비전은 국전을 방불케 하는 예비 신인들의 등용문으로, 재학생들의 강도 높은 교육과 훈련, 연습에 최고 전문가 교사의 불꽃 튀는 감각적 지도가 빛을 발하고 있다. 서울예술고 출신 작가들은 각종 비엔날레에 한국 대표로 참가하고 세계 유수의 미술관 기획전에 초대받는 등 세계 속에 문화 발자취를 남기고 있다.

신입생 전형

서울예술고는 무용과 43명, 미술과 137명, 음악과 180명 등 총 360명의 신입생을 세부 전공에 맞춰 선발하고 있다. 이를 좀 더 세부적으로 살펴보면 무용과는 한국무용 17명, 발레 17명, 현대무용 9명을 선발하고, 음악과는 1군부터 8군까지 나누어 피아노, 오르간, 바이올린, 비올라, 첼로, 더블베이스, 하프, 기타, 타악기, 플루트 등 18개 기악과에서 총 149명을, 남녀 성악에서 24명을, 작곡과에서 7명을 선발하고 있다.

전국 소재의 중학교 졸업자 및 졸업 예정자와 고등학교 입학 자격 검정고시에 합격한 자, 중학교를 졸업한 자와 동등 이상의 학력이 있다고 인정된 자, 외국에서 9년 이상의 학교 교육과정을 이수한 자 등이 지원할 수 있다. 현재 국내 고등학교에 재학 중인 자는 지원할 수 없으나 원서접수일 이전까지 재학 중인 고등학교에서 자퇴한 경우(증명서 첨부)는 지원이 가능하다.

서울예술고의 내일

서울예술고등학교는 개교 당시 음악, 미술 분야 신입생 13명으로 문을 열었지만, 60년이 지난 지금은 1만 6,000여 명의 졸업생을 배출했다.

음악, 미술, 무용 등 3개 과로 규모가 커졌고 지휘자 금난새, 첼리스트 정명화, 피아니스트 김대진, 서양화가 이두식, 동양화가 오용길, 국립무용단 예술감독 윤성주 등 문화계를 빛낸 주역들을 배출했다. 60년 세월을 지나 한국 예술 교육의 요람으로 자리를 잡은 것에 큰 자부심을 가지고 있다.

서울 서초동 예술의전당 한가람미술관에서, 1,000여 점을 선보이는 대규모 아트페어급 특별전을 열고 수익금 전액을 학교발전기금으로 기부함으로써 학교 발전에 또 한번 기여할 만큼 동문들의 애교심은 최고이다.

최근에는 개교 60주년을 맞이하여 '서울예술고의 어제와 오늘 그리고 내일'이란 주제로 특별 좌담회를 개최하는 등 60년의 세월을 되돌아보고 학교의 현주소를 파악하는 한편, 앞으로의 미래 백년대계를 위한 사회적 기대에 부응하는 학교, 경쟁력 있는 명실상부한 최고의 명품학교를 지향하려는 열정을 펼쳐 보이기도 했다.

대한민국 예술 교육의 산실이며 미래가 될 서울예술고는 세계를 무대로 활동하며, 아름다운 예술의 세계를 펼쳐 많은 사람들에게 감동과 기쁨을 줄 수 있는 예술인의 육성을 목표로 하고 있다. 동시에 예술의 흐름과 나아갈 방향을 주도할 예술인을 양성하기를 희망하고 있다.

특수목적고로서 일반고에서 할 수 없는 예술전문 실기 교육은 예술의 사회화에도 많은 기여를 하리라 기대하고 있다. 생활수준이 높아지면서 문화예술의 향유가 더욱 늘어가고 있기 때문에 예술 전문 교육을 받은 전공자들이 문화예술의 수준을 더욱 높여주기 때문이다.

내일을 위해 끊임없이 발전에 발전을 거듭하는 서울예술고등학교 학생들과 교직원의 노력은 무엇 하나 빼놓지 않고 역사의 발자취로 남아 있다. 설립 초기는 한국예술의 주춧돌을 마련하는 여명의 시기(1953~1962)였다. 이어 성장기(1963~1974)를 맞이하여 학급을 증설하고 교육시설을 현대화함과 동시에 다양한 전공 영역에서 본격적인 예술 활동을 펼쳤다. 전국순회연주나 해외순회연주 등, 당시 여건에서는 상상하기 어려운 활발한 연주 활동은 세계 속에 한국 예술을 빛냈으며 또 다른 예술 활동의 원동력이 되었다.

성장기를 거친 서울예술고등학교는 반석 위에 새 터전을 마련하는 정립기(1975~1987)에 들어섰다. 고교입시제도의 개혁과 함께 새 교사(校舍) 난계(蘭溪)학원이 건립되었으며, 동문의 활동까지 더해지면서 예우연주회를 비롯한 연우전과 예우회 공연 등이 펼쳐져 예술 활동이 성숙기에 들어섰다.

이 시기부터의 서울예술고등학교는 동문들이 예술계 중진의 위치를 점하고 약관의 젊은 예술가들이 뒤를 잇는 성장의 터전이었다. 우리나라 예술계를 대표하는 동문들은 예술 활동과 모교지원 사업을 벌이며 감동의 드라마를 연출하였으며, 시설 확충을 위한 모금활동과 장학금 지원 등으로 애교심을 발휘하였다. 그런 만큼이나 국제교류도 활발해졌으며 개교 30년을 맞아 기념사업들이 펼쳐졌다.

뿌리 깊은 나무의 특징은 성장을 위한 여건이 형성될 때부터 안정적인 발전을 위해 모든 것이 집중된다는 것이다. 발전기(1988~1997)를 맞이한 서울예고는 특수목적 고등학교로 지정됨과 동시에, 예술 교육의 내실화를 위해 타의 추종을 불허하는 노력을 다해 새로운 재단이 구성되는 직접적인 계기를 마련하였다. 무용관과 실기실 시설이 확충되고 예고를 사랑하는 사람들이 주축이 되어 '운파음악상'을 제정하는가 하면, 예고가 배출한 최고 피아니스트의 한 사람인 신수정을 중심으로 '신수정 장학회'를 설립했으며 '예모춘추회' 등이 학교발전을 위한 끊임없는 지원활동을 해왔다.

가지 많은 나무에 바람 잘 날이 없듯이 한국예술의 만형 격인 서울예술고에도 비바람이 몰아치는 전환기(1998~2003)가 찾아왔다. 재단의 위기 앞에 난관을 극복하려는 노력이 계속되는 가운데, 최원영 이사장이 퇴진하고 새로이 취임한 강병훈 이사장은 학교 정상화를 위해 산적한 법적 현안을 해결하는 동시에 그동안 중단된 제반 공사를 마무리하면서 새 시대를 위한 비전을 제시했다. 난관을 전화위복의 기회로 삼아 학교 발전의 전환점을 맞이한 서울예술고등학교는 2002년 서울시교육청으로부터 자율학교로 지정되었다.

개교 60년을 넘어온 서울예술고등학교는 지나간 발걸음마다 한국의 문화예술이 탄탄하게 성장하기 위한 역사의 디딤돌을 놓아왔다. 앞으로

80주년, 100주년에 이를 때까지도 발전을 멈추지 않으며 전통과 역량을 갖춘 명품 예술고등학교로 세계 속에 길이길이 빛날 것을 기대한다.

서울예술고등학교의 이모저모

무용 발표회

무용관 전경

오케스트라 연주

청심국제중고등학교는 교사가 학생을 가르친다는 개념보다, 교사와 학생이 함께 논의한다는 개념으로 학생 중심의 교육 비전을 제시하여 실천하고 있다. 2006년 경기도 가평에 개교한 이래, 명품학교의 올바른 인재상 정립을 위해 타문화에 대한 이해와 수용력을 높이는 청심만의 교육철학을 정립하고 있다. 기숙사가 아닌 생활관에서는 어머니의 따뜻한 품을 느낄 수 있는 시니어 모니터 제도를 운영하고 있다. 또한, 북한 음식을 비롯한 중국, 인도 등 세계 각국의 음식을 접할 수 있는 급식은 청심의 자랑이요, 학생들에게 최고 인기이다.

03
청심국제중고등학교

이타적 품성과 창의적 지식을 갖춘
글로벌 리더의 양성

기존의 교육은 '교사가 학생들을 가르친다.'는 개념이었지만, 청심이 생각하는 미래의 교육은 '교사와 학생이 함께 논의한다.'는 개념이다. 이를 위해 청심은 교사의 일방적인 강의식 수업보다는 토의와 토론, 발표수업, 과목별 연계 수업, 통합 수업 등을 위주로 진행을 하고 있다. 또한 교과서 내의 지식에 국한시키는 것이 아니라, 교과서 외의 실용적이고 시사적인 이슈들을 수업에 연계하여 열린 교과서의 개념을 도입 시행하고 있다. 이는 학생들로 하여금 열린 사고와 확장적 사고가 가능하도록 하기 위함이다.

청심은 미래 교육의 해법으로 '이타적 품성과 창의적 지식을 갖춘 글로벌 리더 양성'을 목표로 ACG(Altruistic Mind in Education, Creative Knowledge in Education, Global Leadership in Education) 교육을 실천하

고자 한다.

'교육의 국제화'를 통한 전인격적 인재 양성

청심국제중고등학교는 '대한민국 교육의 국제화'라는 시대적 요구를 수령하여 글로벌 인재를 양성하고 있다. 또한, 점차 복잡해지는 국제 문제를 해결하여 국제교류를 원활하게 하며, 더 나아가서는 세계평화를 구현하려는 목적을 갖고 있다.

미래 사회는 지성과 감성, 품성과 인격이 두루 갖추어진 전인격적 인재를 필요로 한다. 그리고 다양한 분야에 걸쳐 크고 넓은 사고를 할 수 있는 인재가 필요하다. 그와 동시에 지금은 공유와 협업, 창의적 지식을 모색하는 집단 지성의 시대이다. 이러한 시대적 요구를 적극 반영하고 실천하기 위해 청심국제중고등학교는 ACG 교육을 실천하고 있다.

ACG란 이타적 품성 교육(Altruistic Mind in Education), 창의적 지식 교육(Creative Knowledge in Education), 글로벌 리더십 교육(Global Leadership in Education)을 말한다.

청심국제중고등학교에서 말하는 ACG 교육의 필요성은 다음과 같다.

첫째, 지금은 아무리 중요한 자리에 있는 리더라 하더라도 도덕적으로 문제가 생기면 바로 중도 사퇴해야 하는 시대다. 따라서 명확한 원칙을 갖고 자기중심을 지키며, 많은 사람들과 소통하면서 조화를 이룰 수 있는 전인격적 인재를 길러낼 수 있는 교육이 필요하다.

둘째, 지금 시대는 변화의 속도가 빠르고 서로 다른 기술과의 융합, 산업의 경계가 무너지고 있기 때문에 다양한 분야에 걸쳐 크고 넓은 사고를 할 수 있는 인재가 필요한 시대이다. 따라서 미래 인재에게는 다양한 능력을 하나로 모을 수 있도록 해주는 창의적 사고력을 기르는 교육이 필요하다.

마지막으로, 각 나라의 경계가 허물어지고 복잡 미묘해지는 글로벌 사회를 풍부하게 이해할 수 있는 지혜로운 인재도 필요하다.

청심국제중고등학교에서는 이러한 역량을 갖춘 인재를 어떻게 교육할 것인가에 대한 고민을 학교 설립을 준비하는 과정 내내 가장 비중 있게 연구했다.

그 결과 이타적 품성 교육을 바탕으로 전인격적 인재를 육성하고, 창의적 지식 교육으로 확장형 사고를 가능케 하며, 글로벌 리더십 교육을 통해 타 문화에 대한 이해와 수용력을 높이는 청심만의 교육철학을 정립하게 된 것이다. 이것이 바로 인성과 창의성, 글로벌 리더로서의 역량을 키우는 데 목표를 둔 ACG 교육철학이다.

이러한 인식을 바탕으로 청심국제중고등학교는 2006년도에 경기도 가평군 설악면 소재지에 개교를 했다. 전국단위로 학생들을 모집하고 있으며, 개교 이전부터 '교육은 미래다.'라는 화두를 끌어안고 대한민국의 인재상을 올바르게 실현시켜 나가고 있다. 지금까지 6기 졸업생을 배출하면서 국내 명문대학교는 물론 아이비리그(IVY League)를 비롯한 해외 진학 성과가 재학생 인원 수 대비 전국 최고의 진학 실적을 내고 있다. 이타적 품성을 바탕으로 한 ACG 교육이 진학 실적으로까지 이어지고 있다.

국제사회를 이해하는 차별화된 외국어전문 교육

청심국제중고는 ACG 교육을 진학 실적으로까지 연결하고, 글로벌 시대를 주도하는 인재로 성장시키기 위해 3대 교육 키워드를 정해 실천하고 있다. 청심국제중고의 3대 교육 키워드는 '이타적 품성과 창의적 지식을 갖춘 글로벌 리더의 양성을 의미'하는 ACG와 '너와 나와 우리 모두를 존중하는 마음을 바탕으로 신뢰와 정성을 다하는 성실인 육성'을 뜻하는 Respect, '미리미리 계획하고 미리미리 실천하는 것을 모토로 하여 학교 구성원 모두의 고객감동 실현을 도모'하는 Impression으로 대변된다. 청심국제중고의 이러한 교육 목표는 학교 현장에서 다양한 교육 실현으로 소기의 성과를 거두고 있다.

"상당수 국제고는 전문교과 개설에 있어 국제계열을 제외하고는 외고에서 운영하는 영어 및 제2외국어 비중이 높은데, 청심국제중고등학교는 외고 전문교과와 더불어 토론과 연구 중심의 교과를 개설하여 실제 국제무대에 나갔을 때 필요한 지식과 소양, 창의성 등을 기르고 있습니다."

박현수 교장선생님은 청심국제중고등학교만의 교육과정의 차별화가 다른 국제고에 비해 강점이라고 강조했다.

청심국제중고등학교는 전국 국제고 가운데 유일한 사립으로 교육과정에 차별성을 확보해 전문교과 가운데에는 자기주도학습능력을 고양하는 세미나 과제연구 등이 많다.

또한 관심 분야에 따른 집중학습과 융합형학습도 강점이다. 국제라는 개념은 문·이과 구분이 없고, 특정 분야에만 지나치게 집중할 경우 사고의 폭이 좁아질 수 있기에 학생들이 관심 분야를 충분히 공부하면서도 다른 분야도 넘나들 수 있게 지도한다. 가령 역사에 관심이 있는 학생이라면 Korean History/US History 등과 더불어 History of Science/History and Films 등 과학 및 교양교과까지 이수하면서 학습의 폭을 넓힌다.

해외대학 진학 준비는 대입실적이 증명하듯 다른 국제고에 비해 우위를 점한다. 정규 교육과정에서 AP(대학과목 선이수프로그램), SAT(미국 대학입학자격시험), ACT(미국 대학입학 학력고사)를 준비할 수 있으며, 특히 AP는 정규수업에 13개 교과를 개설해 두었다. 전체 교직원의 약 20%가 원어민이라 영어노출 빈도도 현격히 높다. 국제교환프로그램(학생/교사)으로 선진국가의 교과과정을 접하는 등 국제사회를 이해하는 교육도 풍부하다.

학생이 직접 만들어가는 차별화된 연구 교육

"ACG는 수업이 핵심입니다. 청심의 수업은 각 교과의 본질적 목표에 충실한 교육을 통해서 아이들이 전인격적 존재로 성장하고, 그에 따라 자연스럽게 타인을 이해하고 배려하며 더불어 살아갈 수 있는 품성이 갖춰질 수 있다는 믿음에서 출발한다고 할 수 있습니다."

교감선생님은 교과 교육에 대한 이해는 국가에서 설정한 교육과정 목표에서도 유사한 형태로 나타나고 있는데, 이는 구체적으로 수업 현장에서 나타난다고 한다.

① 청심의 국어 수업(교과 내의 확장 수업)

일반 학교에서의 소설 수업과는 달리 청심국제중고등학교는 해당 소설을 만화로 만든 작품과 비교하면서 그들 상호 간의 공통점과 차이점을 생각해 볼 수 있도록 하여 학생들의 창의적 사고를 이끌어내는 이른바 '장르의 확장 수업'을 시행한다. 그래서 국정 교과서에 수록되어 있지 않은 소설을 주로 선정한다. 학생들이 토론과 협업을 통해 최종 결과물까지 만들어 내는 데 있어서는 모두에게 낯선 텍스트가 더욱 효과적이기 때문이다.

예를 들어, 1930년대 사회상을 보여주는 이태준의 소설《복덕방》을 선정하여 수업 전에 학생들이 통독하고 수업에 임할 수 있도록 미리 과제를 부여한다. 본 수업에서 5~6명씩 한 모둠을 이루어 중심 내용이나 사건 또는 인물의 성격 등을 공유한다. 여기에 선생님은 개입하지 않는다. 학생들이 소설《복덕방》에 대한 논의를 통해 충분히 이해했다면, 오세영의 만화《복덕방》을 모둠별로 돌려 보도록 하고, 내용의 차이점을 중심으로 소설의 묘사나 배경이 만화에서는 어떻게 표현되었는지, 그에 따른 이해도의 차이는 어떤지 논의하게 한다. 그리고는 정리된 모둠별 의견을 발표하고, 그에 대한 협의와 토론을 통해 모두가 수긍하는 공통된 의견으로 수렴되게끔 한다. 학생들끼리 심도 깊은 논의를 통해 문자 기반의 소설이 글과 그림이 있는 만화에서 어떻게 변형되어 표현되는지 파악해 본다.

② 청심의 수학 수업(현실과의 연계 수업)

수학은 도형 단원을 들어가기에 앞서 프랙탈(Fractal) 수업을 진행한다. 도형 단원은 자칫 도형의 수학적 성질에만 접근하는 방식으로 그치기 십상이지만 수많은 빌딩과 자동차, 음료수 병과 책, 심지어 명함 한 장까지도 어느 것 하나 도형 아닌 것이 없는 세상이므로, 도형과 생활을 연계하여 도형에 대한 흥미와 이해도를 높인다.

먼저 학생들에게 프랙탈이 만들어지는 예를 보여주고, 특성을 파악하도록 한 후 교실 밖에서 프랙탈 구조를 가진 자연물을 찾아보도록 한다. 나뭇잎과 나뭇가지 등을 가져온 학생들이 있는가 하면, 뭉게구름을 카메라로 찍어 온 학생도 있다. 다음에는 컬리플라워, 폐혈관, 그리고 눈의 결정 구조나 번개의 모양 등 추가적으로 프랙탈의 여러 사례를 자료로 보여주고 컴퓨터 프로그램을 통해 다양한 형태의 프랙탈을 학생들이 직접 만들어 볼 수 있도록 한다. 이를 통해 프랙탈에 대한 흥미를 고조시키고, 수학적 사고의 확장을 위해 생활 속에서 프랙탈을 어떻게 활용할 수 있는지에 대한 방향으로 확장시킨다.

이어서 학생들에게 먼저 2010년 4월 멕시코 만의 시추시설이 폭발하며 발생했던 최악의 원유 유출 사고를 리뷰하게 하고, 환경 오염의 심각성과 그 복구에 소요되는 막대한 경비를 추정해 보게 한다. 우선 여러 장의 해안선 사진을 보여주며 해안선 역시 프랙탈로 이루어져 있으므로 멕시코 만의 해안선 역시 프랙탈로 간주해도 무방한 형태임을 확인시키고, 학생들은 프랙탈 길이의 변화 및 n번 반복 후의 일반화에 대한 간단한 수식을 통해 해안선의 길이를 추정하고, 그에 따른 경비까지 계산해 보도록 하는 것이다.

③ 청심의 국사, 윤리 수업(교과 간의 통합 수업)

국사 시간에 지배 계층의 부패와 사회적 모순에 항거해 일어난 '홍경래의 난'에 대해 배운다면, 중세 영국과 프랑스에서 일어난 농민 반란인 '와트 타일러의 난'과 '자크리의 난'을 함께 배우고, 더 나아가 당대의 시대상을 반영한 문학적 사조는 어떠했는지도 비교하게 한다. 이렇게 하여 국사와 세계사, 그리고 국어라는 세 과목의 통합 수업을 시행하는 과정에서 학생들의 사고를 자연스럽게 확장시키는 것이다. 동시대 사건들은 아니지만 봉건적인 지배 구조 및 수탈에 대한 농민 반란이라는 공통점을 갖는 세 사건을 함께 공부하면서 전근대 사회에서 농민들의 반란이 어떻게 세상을 변화, 발전시켰는지를 세계사적 보편성의 관점에서 인식할 수 있기 때문이다. 뿐만 아니라 조선·프랑스·영국의 정치적·사회적 발전상을 비교해 보면서 사고의 영역을 세계사로 확장하고, 역사적 사고력도 키우는 것이다.

윤리 시간에는 쾌락을 추구하고 고통을 피하려는 인간의 본성에 따라 행동하는 것이 개인과 사회에 최대 행복을 가져다준다는, 벤담의 '공리주의'를 가르치면서 생물 과목에서 배우는 '인간 심리 변화와 호르몬 분비'와 연계하여 학습하고 토론하기도 한다. 이런 수업의 기저에는 확장된 시선을 통해 각 과목을 보다 더 정확히 이해할 수 있도록 하려는 것과 함께, 아이들에게 반복적으로 확장형 사고를 하도록 유도하여 그러한 사고방식이 습관처럼 몸에 배게 하려는 것이다.

아이들은 이처럼 '현실과 연계되는 수업, 교과 내의 확장 수업, 교과 간의 통합 수업' 등을 통해 각 과목에 대한 확장된 이해와 더불어 무엇인가를 접할 때 하나의 방향만이 아니라 다양한 관점에서 바라보고 사고하는 확장형 사고력을 갖추어 새로운 무언가를 창조해내는 창의성의 기반을 자연스럽게 갖추게 되는 것이다.

다양한 연구 문화

청심국제중고등학교의 수업은 각 교과의 근본 목표를 기반으로 융합 및 확장 수업을 통해 아이들의 창의력과 글로벌 환경에 대한 역량을 키워줄 수 있도록 설계되어 있다. 그렇기 때문에 좋은 수업을 준비하기 위해서는 다양한 연구 활동이 이루어져야 한다.

청심국제중고등학교에서는 매주 수요일 오후 2시간 동안 교사 연수가 진행된다. 교사들은 이 시간을 통해 외부 전문가들의 초청 강연(자기주도적 학습에 대한 교수법, 창의성 관련 특강 등)을 듣는다. 또한 타 교과 교사들과의 공동 연수와 교류(공개수업 평가회, 교재 개발 협의, 중학교와 고등학교의 교과별 연계 6년 로드맵 협의 등) 등을 통해 ACG 교육철학의 구현을 위한 다양한 방법들을 고안해낸다. 이 과정에서 교사들의 수업 역량은 한층 향상된다.

"우리 학교의 또 다른 장점은 대학교의 교육 행정시스템과 같은 전문 교무행정직 제도를 시행하고 있다는 겁니다. 선생님들은 학생들 교육을 위한 연구에 많은 시간을 할애해야 하는데, 현실은 그렇지 않죠. 과중한 행정업무가 교사들에게 부담이 되는 건 사실이에요. 이러한 행정업무의 부담은 고스란히 학생들에게 돌아갑니다. 수업의 질, 교육의 질이 떨어질 수밖에 없습니다."

청심국제중고등학교 3학년 수업을 담당하는 박 선생님은 교사들이 교육에 대한 연구를 할 수 있어 학생들이 더 많은 교육의 기회를 얻게 된다고 말한다. 또한 청심은 법인과 연계하여 분기별로 교육 협의체를 개최하고 있는데, 이는 청심의 유치원, 초등학교 교사, 중학교와 고등학교 교사들이 모여 ACG 교육 연구를 공동으로 진행하고 상호 협업을 통해 발전을 모색하는 모임이다. 특정 주제에 대해 연간 연구를 진행하여 연구 내용을 점검하고 공유한다. 그 중심적인 내용은 유치원부터 고등학교에 이르는 15년 기간 동안의 교육 내용과 교과과정, 그리고 관련 제도 등을 연구하는 것이다.

열정과 사랑이 넘치는 아이들

청심국제중고등학교에서는 '명예'를 소중히 지키고, 스스로 주인이 되어 학습의 주체로서 활동하는 다양한 프로그램들이 운영된다. 학생 중심의 자치 활동과 동아리 활동, 독서기부 활동은 그 자체로 청심국제중고등학교의 명예로운 전통으로 남아 청심국제중고만의 가치 있는 역사로 후배들에게 계승되고 있다. 이러한 자랑스러운 학생들의 활동에 학교는 다양한 후원으로 물심양면의 지원을 아끼지 않아 학교와 학생, 학부모가 함께 만들어가는 수준 높은 명품고로 자리 잡아 가고 있다.

학생 자치 활동

청심국제중고등학교에는 'Honor Committee'라는 학생 자치 기구가 있다. 이는 '본인의 양심에 솔직해지고, 옳고 그름에 대한 확신을 외부의 유혹과 압력에 굴하지 않고 따르는 것' 즉, 청심국제중고등학교의 '명예'를 잘 지켜나가도록 독려하며 학생들 스스로 청심인으로서의 자긍심을 갖고 생활하도록 하자는 것이다.

명예를 지키기 위해 중요하게 요구되는 자세는 거짓말을 하지 않고, 부정행위를 하지 않으며, 절도 있는 행동을 해야 한다는 것이다. 청심국제중고등학교의 학생이라면 누구나 명예롭게 지켜야 하는 기본적인 생활 규범인 셈이다.

또한, 청심국제중고등학교에는 매주 목요일 점심시간에 원형 극장 형태로 꾸며진 중정에서 '목요 음악회'가 열린다. 바이올린 독주나 현악 4중주 연주, 사물놀이, 밴드 연주를 바탕으로 노래를 부르기도 한다. 학생들은 연주자가 되기도 하고 관객이 되기도 하면서 학업에서 오는 스트레스를 음악 감상을 통해 자연스럽게 해소하며, 학생들만의 문화를 만들어나가고 있다.

그리고 매년 2월에는 동아리 주최 '세계모의UN대회(MUN)'를 개최한다. MUN은 학생들이 각국의 대사가 되어 글로벌 이슈에 대해 해당국의 입장에서 의견을 발표하고 토론을 진행하며 결의안을 작성하는 등 UN대회를 직접 체험해 보는 프로그램이다.

다양한 동아리 활동

청심국제중고등학교에는 130개가 넘는 동아리가 자치적으로 운영되고 있다. 이 중 40% 정도가 학술·학습 관련 동아리이다. 단순 교과목과 연계된 동아리가 아니다. 인문학 전반에 대한 심층적인 탐구를 목적으로 한다. 또는 경영 관련 서적을 읽고 토론하며 관련 분야의 종사자에 대한 조사와 분석을 통해 미래 경영자로서의 꿈을 키워 나가기도 한다. 창업경진대회나 경제토론대회 참가를 목적으로 하는 동아리도 있다. 각종 체육 관련 동아리는 기본이며 스턴트 치어리딩 동아리와 같은 고난이도의 동아리도 운영되고, 나눔과 봉사를 실천하는 다양한 봉사 동아리도 있다.

대표적인 사례로 '어컴공(A Com Gong)'이라는 동아리가 있다. 이 동아리는 칸아카데미(http://www.youtube.com/user/khanacademy)의 비디오 강의의 한국어 자막을 만드는 자원봉사 활동을 하고 있다. 벌써 자막을 입혀 업로드한 결과물만 150여 개가 넘는다.

매년 초 학생들 스스로 '동아리 박람회'를 개최하여 동아리 신입 후배들을 유치하기 위한 작전을 치밀하게 기획한다. 학생들은 스스로 선택해서 동아리에 가입하고, 활동 또한 열정적으로 참여하여 각종 대회 등을 개최하기도 하고, 외부 대회에 출전하여 수상하는 것은 기본이라고 한다.

독서기부 프로그램

청심국제중고등학교의 또 다른 특징적인 활동 하나는 독서 활동의 결과를 기부와 연계시킨 프로그램이다. 독서와 기부가 연계된 독서기록장에 독서 감상을 지속적으로 기록함으로써 학생들이 독서 습관을 들이고 지혜를 쌓는 것은 물론 기부 활동을 통해 함께 나눌 수 있는 프로그램이다. 학생이 학부모와 상의하여 독서기부 약정서를 기록한 뒤 책을 한 권

읽고 독후감을 한 편씩 쓸 때마다 희망하는 단체에 기부하는 방법이다. 지난해에는 가평군 설악면의 저소득층을 위한 기부금으로 활용되었으며, 올해 1월에는 열악한 환경에 처해 있는 네팔 카트만두 외곽 빈민가 지역에 위치한 바니빌라스 세컨드리 스쿨에 책과 학용품 및 교실 건축 후원금을 직접 전달하여 기부문화의 세계화에 기여하기도 하였다.

미래 인재상을 함께 구현하고자 하는 법인의 후원

한편 학교법인은 한 주간에 발생한 교육 관련 주요 이슈들을 정리한 〈위클리 교육 이슈〉 자료를 교사들에게 제공하고 있다. 주요 미디어에서 발행하는 기사들은 물론, 교육과학기술부와 한국교육과정평가원이나 한국교육학술정보원 등 주요 기관들의 소식을 모니터링하여 최신 교육 정보를 꾸준히 업데이트하여 제공하고 있다. 이는 교육계의 흐름과 주요 이슈들을 신속하게 제공하여 종합적인 이해를 하도록 하고 그에 대하여 신속하게 대처하여 자칫 우물 안의 개구리로 전락하는 우를 범하지 않도록 하기 위해서이다. 또한 외부의 훌륭한 연구 성과와 좋은 교육 사례 등도 즉시적으로 제공하여 ACG 교육을 발전시켜나가는 데 직간접적으로 큰 도움이 되도록 하여 언제나 열려 있는 자세를 견지하고 있다.

청심국제중고의 오늘과 내일

청심국제중고등학교는 2014 대입에서 국내외 전반적으로 고르고 우수한 성과를 거뒀다. 국내대학 지원자 47명 가운데 26명이 SKY대학(58%), 해외대학 지원자 52명 가운데 31명이 미국 IVY&Top 30위권 대학(60%)에 합격했다. 물론 자율형사립고나 외고에 비해 규모가 작아 수치상 실적은 거둔 성과에 비해 축소돼 보인다. 2014 서울대학교 합격자 수로만 파악한 실적은 11명이 합격했다. 2014 대입성과에 대해 박현수 교장은 "ACG 교육의 경쟁력"이라고 평했다. "성적과 입시에 매몰된 교육에서 탈피하여 이타적 품성(Altruistic Mind), 창의적 지식(Creative Knowledge), 글로벌 리더십(Global Leadership)를 기르는 교육으로 인성과 학력을 모두 잡았다."고 역설했다. 교육과정 전반적으로 개인/모둠단위 프로젝트 활동이 활발하며, 평가방법의 경우에도 배운 지식을 묻는 형태보다는 자신의 생각을 말이나 글로 논리적으로 표현하는 방향으로 진행된 것이 많은 도움이 된 것이다. 학생관리시스템도 체계적이다. "학생별 적성과 소질에 따른 진로 로드맵을 구축해 필요한 교과학습과 활동을 연결해 준다."며 "국내진학부와 국제진학부를 별도로 구성했고, 3학년 담임교사가 교과지도와 입시지도를 병행하는 수준을 넘어 국내외 진학카운슬러가 전문적인 진학지도를 한다."고 말했다. 교사 1인당 학생 수는 9.8명이고 교직원 1인당 학생 수는 5명에 불과해 밀착관리가 가능한 환경이기도 하다.

학교 시설 및 현황

"입학하기 전에 전국의 여러 기숙학교를 다녀봤어요. 제 스스로 좀 유별나다는 생각도 했지만, 우리 아이가 생활할 학교이기 때문에 유난을 떨었죠. 교육과정, 교사의 질과 열의 등을 모두 비교했는데 청심국제중고등학교가 가장 마음에 들더라고요. 학교 시설이 잘 갖추어져 있어요. 무엇보다 좋은 것은 그 시설을 운영하는 시스템의 차이가 크다는 거예요."

여러 기숙학교를 고심하고 비교한 끝에 청심국제중고등학교를 선택했다는 학부모 신 씨는 아이가 편안하게 집처럼 생활할 수 있는 것에 만족하고 있었다. 청심국제중고등학교의 시설과 운영은 다른 학교에 비해 남다른 점이 많다.

① 기숙사가 아닌 생활관

청심국제중고등학교는 2인 1실의 기숙학교지만 기숙사가 없고, 생활관이 있을 뿐이다. 청심국제중고등학교의 생활관은 방과 후에도 ACG 교육이 지속될 수 있도록 하여 학생들이 바른 인성과 생활 습관을 키워나가게끔 하는 동시에, 어린 학생들을 따뜻하게 돌보는 부모의 역할을 대신해주고 있다.

생활관에서는 늦은 시간에 들어와서 아침 일찍 일어나야 하는 학생들에게 편안한 휴식을 보장해주면서, 이들이 이타적 품성과 창의력을 갖춘 글로벌 리더의 역량을 가질 수 있도록 배려하고, 학생들의 건강과 바른 생활 습관, 예절과 인성을 기를 수 있도록 설계된 GMC(Good Morning CheongShim)와 GNC(Good Night CheongShim) 프로그램을 운영한다.

② 전문 상담선생님이 상주하는 상담실

청심국제중고등학교은 학교 설립 때부터 학생과 상담하는 과정을 중요하게 생각하여, 각각 용도와 크기가 다른 4개의 상담실을 만들었다.

상담실에는 전문 상담선생님이 상근하고 있다. 청심국제중고등학교에 처음 입학을 하게 되면 이전과는 전혀 다른 환경에서 생활하고 공부해야 한다. 어린 나이의 학생들이 성적이나 친구 문제, 이성 문제, 따돌림 등의 각종 갈등 관계로 힘들어 할 수 있다. 학교는 아이들이 잘 극복할 수 있도록 이끌어주어야 한다. 따라서 담임 및 보건 교사, 생활관 담당 교사와 유기적으로 연계하여 관련 학생들을 대상으로 문제가 발생하기 이전에 각종 상담을 통해 문제가 원활히 해결되도록 각별한 노력을 기울이고 있다.

③ 학생들이 원하는 급식실

청심국제중고등학교의 급식실은 특별하다. 학교를 방문하는 외부 인사들이 급식실을 보면 모두가 놀란다. 청심국제중고등학교의 급식실이 특별한 이유는 학생들을 고객으로 대하며, 학생들의 작은 목소리에도 귀 기울여 최고의 영양과 맛, 그리고 서비스를 제공하겠다는 강한 의지 때문이다. 급식실 출구에 '고객의 소리' 노트를 비치하여 아이들의 모든 의견들을 반영하여 즉시 개선조치하고 학생들에게 통보한다. 학생들은 자신의 생각과 의견을 적극적으로 표현함으로써 필요한 것을 실현해 나가는 커뮤니케이션의 중요성을 급식실에서도 배우는 것이다.

청심국제중고등학교의 급식실이 특별한 이유는 '특식' 때문이다. 급식실에서는 매월 1회 특식을 제공하고 있는데, 글로벌 교육을 염두에 둔 구성이다. 이른바 '세계 음식문화 체험'으로 매월 특정 국가를 선정해 해당 국가의 문화·역사·경제·음식 등을 소개하고 직접 그 음식을 체험해 볼 수 있도록 기획한 것이다. 이태리·프랑스·중국·인도·일본 등 비교적 익숙한 나라의 음식은 물론 스페인·독일·몽골 등 평소에는 잘 접하기 힘들었던 국가의 음식, 북한의 평양냉면, 감자떡, 해주 비빔밥, 녹두 지지미 등까지 골고루 맛볼 수 있도록 했다.

④ ACG 장학금

청심국제중고등학교는 2010년부터 국내외를 막론하고 좋은 대학에 합격하였으나 경제적 여건으로 인해 꿈을 접어야 하는 학생들 가운데 1명을 선정하여 대학 4년간의 입학금과 등록금을 지원하는 ACG 장학금을 수여하고 있다.

매년 1명씩 선정되는 ACG 장학생의 가장 중요한 평가 요소는 3년간의 학교생활 과정에서 보여준 그 학생의 품성이다. ACG 교육철학인 전인적 인격의 완성을 강조하는 이타적 품성교육에 가장 큰 비중을 두고 있는 것과 궤를 같이하는 것이다. ACG 장학생이 받는 장학금의 50%는 후배들의 멘토로서의 역할을 하는 것으로 환원한다.

그리고 장학금의 나머지 50%는 대학 졸업 후 10년간에 걸쳐 후배들을 위한 장학금으로 학교에 기탁하도록 되어 있다. 이는 자신이 받은 혜택을 감사히 여기고 그것을 후배들에게 되돌려 줌으로써 뜻 깊은 청심국제중고등학교만의 기부문화를 만들기 위함이라고 한다.

⑤ 적절한 수준의 1인당 교육비

"청심국제중고등학교가 학생 1인당 감당해야 하는 비용이 일반고에 비해 비싸지만 교육서비스 수준에 비교하면 비싸다고만 할 수는 없습니다."

박현수 교장선생님은 가끔 학생 1인당 경비에 대한 질문을 받는다며, 교육서비스를 생각하면 오히려 저렴할 수 있다고 한다.

청심국제중고등학교의 중학교를 포함한 학생 수는 600명인데, 교사는 60명으로 법정정원인 42명을 훌쩍 넘고 총 교직원은 120명이다. 또한 교사는 교수학습지도에만 매진할 수 있게 14명의 교무행정실무사가 행정업무를 도맡아 하기 때문에 수업의 질이 높다고 한다.

승마와 전용 조정 실습장을 갖추고 있는 등 체육 활동을 비롯해 무학년제 수준별 교과 및 특기적성 프로그램 등 다양한 방과 후 학교를 운영하는데, 규모나 수준에 비해 비교적 저렴하다고 강조한다. 교장선생님의 답을 들으면 왜 비싸다고 할 수 없는지 충분히 이해할 수 있다.

"꾸준히 선진 교육 환경을 만들고자 등록금과 수익자 부담 경비와는 별개로 학교법인에서 매년 평균 33억 원 가량을 전입금으로 출연하고 있습니다. 비싸게 보이지만 결코 비싼 것은 아닙니다."

청심국제중고등학교의 내일

청심국제중고등학교는 세계적 학교로 발돋움하고 있다. 글로벌 수준으로 표준화한 ACG 교육과정 개발에 전 교직원이 힘쓴다. 현행 교육법 내에서 어려움이 많지만 주어진 상황에서 교재 개발도 하고 있다. 중고등학교를 넘어 초등학교 연계 교육을 하고픈 마음도 크다. 이른바 '비전 2020'이다. 지난 2010년부터 2013년까지는 ACG 교육 기반을 구축했고, 올해 2014년부터 2016년까지는 청심 교육의 브랜드화를 추진하며, 2017년부터 2020년까지는 세계 ACG 교육의 중심을 목표한다. 이를 통해 ACG 교육을 구현하는 중심학교로 거듭나고 청심 교육이 세계적으로 확산되길 기대하고 있다. 원활한 진행을 이끌고자 교사들의 해외연수를 강화하고 학생들의 글로벌 역량강화 프로그램도 확대할 계획이다.

또한 청심국제중고등학교에서는 유-초-중-고등학교 간의 15학제 연계 교육이 필요하다고 판단하고 있다. 우리나라의 교육은 국가 주도적인 측면이 강하여 개별 학교에서 자율적으로 할 수 있는 것들이 많지 않다. 학제는 유치원 3년, 초등학교 6년, 중학교 3년, 고등학교 3년으로 고정되어 있으며, 학교 간에도 단절되어 있다. 그렇기에 중학교와 고등학교가 함께 있는 학교라 할지라도 교육과정상 연계되어 있는 경우가 없다. 그렇게 할 수 없기 때문이다. 반면 해외에서는 K-12로 운영되는 경우가 많다. K(Kindergarten)는 유치원을 뜻하는 것으로 유치원 + 12학제를 의미한다. 국가에서 제시하는 일정한 기준의 가이드라인과 각 학교별 교육철학에 따라 다양한 교육을 실시할 수 있다. 따라서 외국에는 고유의 색깔을 가진 학교들이 많이 있다.

하지만 아직은 제도적 기반이 마련되어 있지 않은 국내에서, 청심국제중고등학교가 유치원 3년을 포함한 15학제를 추진하는 이유는 ACG 교육철학을 기반으로 한 교육을 실현하는 데 있어 그 효과가 더욱 클 것이라는 판단 때문이다.

청심은 아직까지 국내 제도가 미비함에도 불구하고 15학제를 지속적으로 연구하고 있고, 현재는 청심국제중고등학교의 각 교과별 6년 로드맵(각 교과별로 중학교 1학년부터 고등학교 3학년까지 달성해야 할 성취 기준과 그에 따른 세부 교육과정)을 거의 완성해 놓은 상태라고 한다. 이 6년 로드맵을 토대로 15년간의 비전으로 그려내어 15학제를 만들어내고자 한다.

유치원에 입학한 학생이 초등학교와 중·고등학교를 거치면서 ACG

교육철학에 입각한 일관된 교육을 받고, 각 과목별로 넓고 깊은 지식을 습득하도록 설계된 교육을 통해 청심국제중고등학교가 추구하는 이타적 품성과 창의성을 갖춘 글로벌 리더로 자연스럽게 성장할 수 있도록 하고자 하는 것이다.

청심국제중고등학교의 이모저모

목요음악회

농구대회

동아리 활동

지은이

서정화(徐廷華) _서울대학교 교육학과 졸업, 미 Florida State University 철학박사

현) 홍익대학교 교육학과 명예교수. 현) (사)한국학교교육연구원 이사장. 홍익대사대부속 중 · 고등학교장 역임. 한국교육행정학회 회장 역임. 한국교육개발원 책임연구원 역임

정영수(鄭永洙) _서울대학교 대학원 교육행정 전공, 교육학석사, 교육학박사

현) 충북대학교 교육학과 명예교수. 현) (사)한국학교교육연구원 원장. 충북대학교 사범대 교육학과 교수, 교무처장 역임. 한국교육행정학회 회장 역임. 한국교원교육학회 회장 역임

최원호(崔元浩) _홍익대학교 대학원 상담심리전공 교육학 박사

현) (사)국제청소년문화교류협회 이사장. 한국교육상담연구원 원장. 한영신학대학교 겸임교수. 고려대학교 교육대학원 강사. 저서《청춘심리학 인사이드아웃》

김세진(金世辰) _홍익대학교 대학원 교육학 박사

현) 한양대학교 교육대학원 겸임교수. 서울시교육청 장학사, 장학관 역임. 북부교육청 학무국장 역임. 자양고등학교장 역임. 압구정고등학교장 역임

김일형(金一衡) _홍익대학교 대학원 교육학 박사

현) 인천하늘고등학교 교장. 현) 서울 초·중등 잠재능력개발연구회 부회장. 현) 미래희망기구 이사. 대원외국어고등학교 교장 역임

이근청(李根淸) _충북대학교 대학원 교육학 박사

현) 충북대학교사범대학부설고등학교 교장. 충청북도교육정보원 원장 역임. 충청북도청명학생교육원 원장 역임. 충청북도단재교육연수원 교수부장 역임. 충북 황간고등학교 교장 역임

이인회(李仁會) _고려대학교 사학과 졸업. 미국 University of Bridgeport 교육학박사

현) 제주대학교 교육학과 부교수. 영동대학교 전임강사 역임. 충북대학교 한국지방교육연구소 전임연구원 역임